古典文獻研究輯刊

三七編

潘美月・杜潔祥 主編

第33冊

辟疆園杜詩注解（中）

陳開林 整理

國家圖書館出版品預行編目資料

辟疆園杜詩注解（中）／陳開林 整理 -- 初版 -- 新北市：花
木蘭文化事業有限公司，2023〔民 112〕
目 8+190 面；19×26 公分
（古典文獻研究輯刊 三七編；第 33 冊）
ISBN 978-626-344-496-6（精裝）
1.CST：（唐）杜甫 2.CST：唐詩 3.CST：注釋 4.CST：研究考訂
011.08   112010532

ISBN-978-626-344-496-6

9 786263 444966

古典文獻研究輯刊
三七編　第三三冊　　　　　　ISBN：978-626-344-496-6

辟疆園杜詩注解（中）

作　　　者　陳開林（整理）
主　　　編　潘美月、杜潔祥
總 編 輯　杜潔祥
副總編輯　楊嘉樂
編輯主任　許郁翎
編　　　輯　張雅淋、潘玟靜　美術編輯　陳逸婷
出　　　版　花木蘭文化事業有限公司
發 行 人　高小娟
聯絡地址　235 新北市中和區中安街七二號十三樓
　　　　　　電話：02-2923-1455／傳真：02-2923-1452
網　　　址　http://www.huamulan.tw 信箱 service@huamulans.com
印　　　刷　普羅文化出版廣告事業
初　　　版　2023 年 9 月
定　　　價　三七編 58 冊（精裝）新台幣 150,000 元

辟疆園杜詩注解(中)

陳開林 整理

目 次

辟疆園杜詩注解五言律

辟疆園杜詩注解目錄 〔註1〕

觀陽李贊元望石

禹航嚴　沆顯亭仝訂

淮陰陸求可咸一

五言律卷之一共計五十五首

　　登兗州城樓

　　與任城許主簿遊南池

　　對雨書懷走邀許十一簿公

　　夜宴左氏莊

　　題張氏隱居

　　劉九法曹鄭瑕丘石門宴集

　　李監宅二首

　　過宋員外之問舊莊

　　天寶初南曹小司寇舅於我太夫人堂下壘土為山一匱盈尺以代彼朽木承諸焚香瓷甌甌甚安矣旁植慈竹蓋茲數峰嶔岑嬋娟宛有塵外數致乃不知興之所至而作是詩

　　龍門

　　重題鄭氏東亭

　　暫如臨邑至㟙山湖亭奉懷李員外率爾成興

　　房兵曹胡馬

　　畫鷹

　　巳上人茅屋

———————————————

〔註1〕按：五言律目錄原在年譜之後，今移至此。

雨晴

寓目

山寺

即事

遣懷

天河

初月

歸燕

搗衣

促織

螢火

蒹葭

苦竹

除架

廢畦

夕烽

秋笛

送遠

天末懷李白

日暮

空囊

病馬

蕃劍

銅餅

送人從軍

送靈州李判官

野望

示姪佐

佐還山後寄三首

從人覓小胡孫許寄

秋日阮隱居致薤三十束

共計六百二十七首　五言律目錄終

辟疆園杜詩注解五言律卷之一

古任李　壯蠖庵甫評

北海畢忠吉致中甫

梁溪顧　宸修遠甫著

登兗州城樓

《輿地廣記》：隋大業二年，改兗州為魯郡。唐武德，克徐圓朗，復曰兗州。天寶元年，又改魯郡。至乾元元年，復為兗州。今曰兗州，當是開元二十三年，公下第後遊齊趙時所作。《壯遊》詩所云「忤下考功第，放蕩旅趙間」是也。

東郡趨庭日，南樓縱目初。浮雲連海岱，平野入青徐。孤嶂秦碑在，荒城魯殿餘。從來多古意，臨眺獨躊躇。

《前漢志》：東郡屬兗州。時公父閑為兗州司馬，故曰「趨庭」。「南樓」，東郡之南城樓也。下四句皆「縱目」所見。

《禹貢》：「海岱惟青州。」《注》：「青州之域，東北至海，西南距岱。」又：「海岱及淮惟徐州。」海岱、青徐皆與兗相接。

《水經注》：「嶧山北有絕岩，秦始皇觀禮於魯，登於嶧山之上，命李斯以大篆勒銘山嶺，名曰書門。」《鄒山志》：「鄒山，蓋古之嶧山，始皇刻碑處，文字分明。始皇乘羊車以上，其路猶存。」《寰宇記》：「古魯城，春秋時魯國都也。其城凡十有二門。」《水經注》：「孔廟東南五百步有雙石闕，即靈光之南闕。北百餘步，即靈光殿基。中間方七百餘步。」《寰宇記》：「靈光殿高一丈，在魯城內西南二里。」王文考《魯靈光殿賦序》：「魯靈光殿者，漢封魯共王餘於兗所立也。共王好治宮室，遭漢中微，自西京未央、建章殿悉見墮壞，而靈光巋然獨存。」曰「在」、曰「餘」，見古蹟之存者無幾也。

「從來」二字，正應上「初」字。公自言素有弔古之懷，當此登眺，不覺展轉躊躇，不能自已。傳稱甫與高適登吹臺，慷慨懷古，時人莫測。此亦一證。

按此詩，公胸中歷歷耿耿，弔古傷今之意已寓於中。曰「南樓縱目初」，猶言今日始得一縱目也。「浮雲連海岱」，言其高。「平野入青徐」，言其平。上下之間，俱得縱目而盡，因接下云。若問秦，則孤嶂之上，□有嶧山碑尚在；若問漢，則荒城之中，僅有靈光殿獨存。與上聯「浮雲」、「平野」，俱有滄海桑田之悲。想海岱、青徐，禹貢之故跡，都不可問矣，故曰「從來多古意」。謂從古至今，惟有古意存耳。「臨眺獨躊躇」，奚啻握算子，布奕陣？撫時懷古，無限崢嶸，磊塊不能自平，莫將「躊躇」二字草草看過。曰「獨」者，止我樓頭一人知之，他不足語也。惆悵含情，全在一「獨」字。

與任城許主簿遊南池

任城，隋屬兗州。《唐志》：任城為兗州緊縣。此公遊齊趙至兗時所作。

秋水通溝洫，城隅進小船。晚涼看洗馬，森木亂鳴蟬。菱熟經時雨，蒲荒八月天。晨朝降白露，遙憶舊青氈。

秋水時至，溝洫皆通，故城隅得進小船。中二聯，皆南池所見。

青氈，所藉以坐者。《語林》：「王獻之夜臥齋中，有盜入室。獻之語曰：『偷兒，青氈是吾家舊物，可特置之。』」公因白露將降，遙憶青氈，當是下第後憤懣之辭。是時公拜辭京兆，放蕩齊趙間，裘馬清狂，雖云壯遊，胸中寔有未離青氈之感。一「舊」字，無限傷神。

對雨書懷走邀許十一簿公

許為任城主簿。公在兗州，故邀之。

東嶽雲峰起，溶溶滿太虛。震雷翻幕燕，驟雨落河魚。座對賢人酒，門聽長者車。相邀愧泥濘，騎馬到堦除。

《公羊傳》曰：「觸石而出，膚寸而合，不崇朝而遍雨天下者，其泰山之云乎！」此用其意。

《左傳》：「季札曰：『夫子之在此也，猶燕之巢於幕上。』」蓋言其危也。馬大壯《天都載》云：「《漢書》鴻嘉四年，隕魚於信都。唐元和十四年，魚隕於鄆州。萬曆丁酉，楚墩子湖忽龍起，是日雨如傾，魚皆乘水上升，從雲中散落，百里家家獲魚。」杜詩云：「驟雨落河魚」，誠理所有者。

燕巢於幕，固危矣。經震雷必翻，翻從震生。魚本河中之物，經驟雨，若挾之而升，從上落下。此亦借天雨魚之意，其言雨勢之大也。落從驟生，二句總言泰山之雲能使雷雨頃刻而至。

《魏志》:「徐邈為尚書郎,時魏太祖禁酒甚嚴,邈私飲,從事趙逵問以曹事。邈答曰:『中聖人。』逵白之太祖,太祖甚怒。將軍鮮于輔進曰:『平日醉客,以酒清者為聖人,濁者為賢人。邈性修慎,偶醉言耳。』竟得免刑。」時禁酒不敢言酒,故以酒為聖人、賢人也。公自謙以濁酒邀許耳。陳平居窮巷,以席為門,門外多長者車轍。曰「聽」者,屏息以候許至也。時雨勢方大,恐雨聲與車聲相亂,故用一「聽」字。酒雖濁,而意未嘗不誠也。

末聯邀其冒雨必來,直到堦除始下馬者,非徒恐其泥濘難行,寔以長者之禮相待。其迎許之恭如此。

夜宴左氏莊

左氏莊,未詳何郡。考公於開元十九年未鄉貢之前遊吳越,二十三年下第之後遊齊趙。此詩云「詩罷聞吳詠,扁舟意不忘」,正感吳音而思其地也。是遊齊趙時作。

風林纖月落,衣露淨琴張。暗水流花逕,春星帶草堂。檢書燒燭短,看劍引盃長。詩罷聞吳詠,扁舟意不忘。

此因夜飲而思吳也。謝朓詩:「疎蕪散風林。」初月既落,露已沾衣,淨琴始張,是入夜而始飲也。「帶」言星低也。水暗星低,正狀夜宴之久。張伯復詩話云:「詩家妙處,只在虛字。古今傳子美佳句,至『春星帶草堂』,無不絕賞。然春星、草堂有何妙處,只一『帶』字,便點出空中景象。如『玉繩低建章』,『低』字亦然。」

所以如此久宴者,緣座客與主人相得甚懽。檢書則嫌燭短,看劍又引盃長。東坡詩「引盃看劍話偏長」,正用此語也。如此從容盡興,宴何得不久?

於是座客詩成,有為吳詠者,公聞之而憶遊吳之樂也。公《壯遊》詩:「東下姑蘇臺,已具浮海航。」此詩作於遊吳之後,故聞吳詠而再起扁舟之興。

看此詩鼓琴、看劍、檢書、賦詩,生平樂事無不具。風林、初月、夜露、春星,以及暗水、花逕、草堂、扁舟,天文地理,重疊鋪敘一首中,渾然不見痕跡,卻逐聯緊接,一氣說下。八句如一句,總說得「夜宴」二字。

題張氏隱居

之子時相見,邀人晚興留。霽一作「濟」。**潭鱣發發,春草鹿呦呦。杜酒偏勞勸,張梨不外求。前村山路險,歸醉每無愁。**

此詩須合七言一首看。公獨求張氏於空山之中,至歷澗道、披石門而後相

見，則「之子」匪易見也。及是時始相見耳，故曰「之子時相見」。若作時時與相見，則張氏非隱居矣。公林丘之時，斜月將落，時已及晚。張氏見公，遂邀而留之。公乘興而來，張氏亦復以晚興相留，與子猷「何必見戴」之情較為稱好。

次聯詠其隱居之景，即物之適以見隱居之適也。霽潭，謂魚晴霽而出躍。發發，盛貌。「春草鹿呦呦」，所謂「遠害朝看麋鹿遊」也。黃常明詩話：「子美多用經語，如『車轔轔，馬蕭蕭』、『鱣發發，鹿呦呦』，皆渾成嚴重，法度森然。後人不敢用者，豈非造語膚淺不頻耶？」

《樂府》：「何以解憂？惟有杜康。」《廣志》：「洛陽北芒山有張公夏梨，海內惟一樹。」潘安仁《閑居賦》：「張公大谷之梨。」用杜酒、張梨，公弄此小巧，若曰：「此我家酒也，偏勞爾爾勸；此爾家梨也，不必外求。」然蘊藉不覺。

李蟹庵曰：「『偏勞勸』、『不外求』，無求於人。隱居之二樂如是，益歎陶公饑驅叩門之苦也。」

公云「乘興杳然迷出處」，則山路之險可知。張氏留公飲，飲而至晚，晚猶勸酒，至醉方歸，必醉乃能忘其險也。「醉於馬上往來輕」，正公忘憂良法。

劉九法曹鄭瑕丘石門宴集

《唐志》：「府、州各有法曹、司法參軍事。」瑕丘，本魯負瑕邑。漢屬山陽郡。隋開皇十三年，復置為魯郡。唐復為兗州。而瑕丘為兗上縣。石門屬齊州。今濟北舊縣故城西南六十里有故石門，去水三百步。此公在兗因至齊也。

秋水清無底，蕭然淨客心。椽曹乘逸興，鞍馬到荒林。一云「去相尋」。能吏逢聯璧，華筵直一金。晚來橫吹好，泓下亦龍吟。

「客」，公自謂也。此言石門秋景足淨客心，而劉法曹適鞍馬而來也。漢制：以曹官為椽。如屋之有椽，謂其能負荷。

「能吏」，兼指鄭、劉。時鄭官於瑕丘。晉潘岳、夏侯湛美儀容，每同行，人謂之聯璧。公藉以美鄭、劉也。華筵應是鄭為主，公與劉為客。秦以一鎰為一金，而重一斤。漢以一斤為一金。

《古今樂府》：「橫吹，羌樂也。」《樂纂》曰：「橫笛，小篴也。」《說文》：「泓，下深貌。」馬融《長笛賦》：「近世雙笛從羌起，羌人伐竹未及已。龍吟水中不見已，截竹吹之聲相似。」《樂書》：「笛者，滌也。丘仲所作。剪雲夢

之霜筠，法龍吟之異類。」《晉書》：「鼓角橫笛曲，蚩尤氏率魑魅與皇帝戰於涿鹿，帝命鼓角為龍吟以禦之。」今開筵張樂，應使泓下之龍亦吟，應上「秋水清無底」五字。

李監宅二首

李監，未詳何人。按《靈怪錄》：李令問開元中為秘書監，頗事飲饌。其炙驢罌鵝之屬，取味慘毒。後令問病毒，朱衣鬼自內挾出，擲火車中，載之而去。詩云「誰看異味重」，或其人也。蔡藤弼注：「洪本作『李鹽鐵』。」

尚覺王孫貴，豪家意頗濃。屏開金孔雀，褥隱繡芙蓉。且食雙魚美，誰看異味重。門闌多喜色，女婿近乘龍。

李是宗室，故云「王孫」。通首曰「尚覺」、曰「意頗濃」、曰「開」、曰「隱」、曰「且食」、曰「誰看」，用數虛字，俱有義味。

公初至李宅，正值其門闌多喜。器物飲食之具，無不華美，故首即云吾今而尚覺王孫之貴、豪家之意味自不澹泊也，是先起下意法。

《舊唐書》：高祖皇后竇氏父毅於門屏畫二孔雀，有求婚，輒與兩箭射之，潛約中目者許之。高祖後至，兩發各中一目，遂歸於帝。「褥」，椅褥也。「隱」，如「隱几」之「隱」，謂刺繡為芙蓉，倚之而坐也。

《搜神記》：「謝糺以甕盛水，朱符報之，有雙鯉躍出，即命作繪，一座皆稱異味。」「異味」二字出《左傳》。雙魚既美，異味又重，疊形其飲食之美且多，故曰「且食」、曰「誰看」，謂一味之美，方爭下筯；而異味又重至矣，真有應接不暇意。

《初學記》：「《魏志》：『黃尚為司徒，與李元禮俱娶太尉桓焉女，時人一謂桓叔元兩女俱乘龍，言得婿如龍也。』」又《御覽》載《楚國先賢傳》：「孫雋，字武英，與李元禮俱娶太尉桓焉女。」吳曾《漫錄》云：「蓋用《神仙傳》『弄玉乘鳳，蕭史乘龍』語也。」時李監必招婿，故晏客。公適至，遂作詩以美之。

華館春風起，高城煙霧開。雜花分戶映，嬌燕入簷回。一見能傾座，虛懷只愛才。鹽官雖絆驥，名是漢庭來。

公時必寓於李宅，覺華館之春風四起，雖高城煙霧，亦為盡開。雜花映戶，嬌燕入簷，皆述館中春日之景。曰「分戶映」，見其戶之多；曰「入簷回」，見其室之深。

漢司馬相如一座盡傾，此言李之好客愛才，意氣能傾倒一座也。諸注謂公自負語，甚謬。

曰「鹽官」，則如蔡《注》「李鹽錢」無疑矣。借言驥困於鹽車，以況其官之閒冷。然天馬來自漢庭，雖微職，亦天家也。謂李為王朝宗室之臣，終當顯用，正與「王孫」二字相應。諸注公以驥自況，欲求李監之吹噓，更謬。

過宋員外之問舊莊

公自注：「員外季弟執金吾見知於時，故有下句。」黃鶴曰：「按舊史，宋之問，虢州弘農人。景龍中，再轉考功員外郎。之問之居雖在虢州，而莊在首陽。當是開元二十九年，公在河南時作。」〔註1〕其《祭遠祖文》云：「小子築室首陽之下」是也。《宋之問傳》：「中宗增置修文館學士，擇朝中文學之士，之問與杜審言首廣其選。」之問有送審言詩「臥病人事絕，嗟君萬里行」之句。審言死，之問又有景龍二年祭文。公與宋有世契，宜過其莊而不忍去也。

員外弟，之悌有勇力，之遜善書。之悌開元中自右羽林將軍出為益州長史、劍南節度兼採訪使，尋遷太原尹。

宋公舊池館，零落首陽阿。枉道祇從人，吟詩許更過。淹留問耆老，寂寞向山河。更識將軍樹，悲風日暮多。

《寰宇記》：「首陽山在偃師縣西北二十五里。阮籍詩：『步出上東門，北望首陽岑。』宋之別墅在焉。今已零落為故跡矣。」

「枉道」，言道經於此者，非枉屈其道也。池館雖零落，而道經其地者，任從其入。「吟詩」，謂過宋館而詩，如遊人到處題詩是也。吟詩之士或一過焉，或再過焉，宋亦不知禁也。意謂宋公往矣，入遊者祇見其入，吟詩者不禁其過，而池館之零落如故，公所以起歎也。即宛其死矣，他人入室之意。諸注謂公因世誼，枉道而入，又公自負能詩，期從再過。牽強愈甚。不知枉道、吟詩，俱泛指來遊之人，不過寫出一「舊」字及「零落」二字。「淹留」二句方是公感念世交，徘徊而不能去，故淹留其地，求耆老而問之，或考其家世之存亡，或詢其子孫之賢否，無非惓惓故舊之誼，不覺向山河而寂寞，真有人琴之感也。

〔註1〕《補注杜詩》卷十八：

鶴曰：「按舊史，宋之問，虢州弘農人。景龍中，再轉考功員外郎。之問之居雖在虢州，而庄在首陽。『枉道祇從入』，當是開元二十九年至天寶二三年公在河南時作。」

後漢馮異每所止舍，諸將並坐論功，異獨屏居樹下，軍中號為大樹將軍。之問之弟起官羽林將軍，亦與之問同居此莊，故公並歎之。睹池館中之樹，憶為將軍之樹，不覺悲風四起，至日暮而更多也。曰「日暮」，正見公淹留之久。《古詩》：「蕭蕭白楊樹，日暮多悲風。」

天寶初南曹小司寇舅於我太夫人堂下壘土為山一匱盈尺以代彼朽木承諸焚香瓷甌甌甚安矣旁植慈竹蓋茲數峰嶔岑嬋娟宛有塵外數致乃不知興之所至而作是詩

按《唐志》，吏部員外郎二人，一人判南曹，為尚書侍郎之貳。蓋在選曹之南，故謂之南曹。今題曰「南曹小司寇」，郎亦得稱小司寇也。「太夫人」，乃范陽太君盧氏，審言之繼室，公祖母也。按年譜，天寶三載五月，盧氏卒於陳留郡私第。故是詩在天寶初。「嶔岑」言山，「嬋娟」言竹。《古詩》：「南山鬱嶔岑。」又，《新竹》詩：「嬋娟已有歲寒姿。」

一匱功盈尺，三峰意出群。望中疑在野，幽處欲生雲。慈竹春陰覆，香爐曉勢分。維南將獻壽，佳氣日氛氳。

此美假山也。匱即簣，土籠也。言一簣之功僅自盈尺，而三峰之意殆已出群。曰「疑在野」、曰「欲生雲」，正謂山雖假而有塵外致也。

《述異記》：「南山生子母竹。」即今慈竹也。漢章帝三年，子母竹筍生白虎殿前，謂之孝竹，群臣作孝竹頌。「慈竹春陰覆」，所謂「旁植慈竹，蓋茲數峰」是也。「香煙曉勢分」，謂曉起而諸焚香之瓷器各分其勢，而煙四達也，所謂「承諸焚香瓷甌，甌甚安矣」是也。曰「甚安」，見位置之妥妙，故其勢自然而分。

《詩》：「如南山之壽。」稱為「維南」，猶稱兄弟為友于，歇後語也。「獻壽」，謂小司寇獻壽於太夫人也。借假山以獻壽，而佳氣已日氛氳，故不知興之所至而作是詩。

龍門

杜預云：「洛陽西南伊闕口也，俗名龍門。」傅毅賦：「因龍門以暢化，開伊闕以達聰」是也。舊注妄引《禹貢》「河東之龍門」，非是。

龍門橫野斷，驛樹出城來。氣色皇居近，金銀佛寺開。往來時屢改，川陸日悠哉。相閱征途上，生涯盡幾回。

驛樹，驛道兩傍木也。《河南志》：「龍門驛在河南縣南十八里。」

皇居，京洛也。韋述《東都記》：「龍門號雙闕，與大內對峙，若天闕然。」《元和郡國志》：「煬帝登邙山，望伊闕，曰：『此非龍門耶？自古何不建都於此？』仁壽四年，詔楊素營東京，今洛陽宮是也。北據邙山，南直伊闕之口，洛水貫都，有河漢之象。」韋應物詩：「都門逼相望，佳氣生朝夕。」龍門山上有奉先寺。元人《龍門記》云：「舊有八寺。」今無一存者。佛地有金色世界、銀色世界。

按：公天寶元年在東都，為姑萬年縣君制服，又為墓誌。四載，又為皇甫妃范陽太君盧氏作墓誌。此當是再遊龍門時，故曰「往來時屢改，川陸日悠哉。」以往來之屢改，見川陸之日悠也。

《莊子·養生篇》：「吾生也有涯。」相閱征途，謂閱視征行之人往來無盡，而吾之生也有涯，不知盡吾之生，得幾回而相閱始盡也。此中有勞生之感。

重題鄭氏東亭

黃鶴注：「東亭在河南新安界，即鄭駙馬亭也。公天寶三載在東都作。」愚按：鄭駙馬蓮花洞在長安，而此在新安，當是鄭氏別業。是年改年為載。

華亭入翠微，秋日亂清暉。崩石攲山樹，清漣曳水衣。紫鱗衝岸躍，蒼隼獲巢歸。向晚尋征路，殘雲傍馬飛。

山氣青縹色曰翠微。言鄭氏之亭高出山巔，與秋日光輝相亂，正言亭之華也。

水成文曰漣。張協詩：「堂上水衣生。」《注》：「水衣，苔也。」

汪瑗曰：「紫鱗躍岸，貼上清漣之水；蒼隼歸巢，貼上攲山之樹。」

中二聯皆登亭所見，末聊自言晚歸之景。

畢致中曰：「此詩得力處，全在詩腰數實字，能使全首改觀。著一『攲』字，如見巉岩參錯。著一『曳』字，宛然藻荇交橫。曰『衝岸』、曰『獲巢』，則跳突排湧，惟恐墮岸；疾飛急赴，惟恐失巢。並魚鳥精神俱為寫出。此詩家鍊字法也。」

暫如臨邑至㟑山湖亭奉懷李員外率爾成興

臨邑，屬山東濟南府。㟑山湖亭，即歷下古城員外新亭也。公與李北海邕嘗登亭賦詩。

吳若本注：「李邕為北海郡太守，時李之芳自尚書郎出為齊州司馬，作此亭。」按《唐書》，之芳開元末為駕部員外郎。天寶十三載，安祿山奏為范陽

司馬。此云「為齊州司馬」，未知何據，或是史闕也。

黃鶴曰：「臨邑縣屬齊州。嶅山湖亭即李白詩題所謂鵲湖也。『嶅』與『鵲』必有一誤。」愚按：此詩題從來注俱未明。今考之，所云「嶅山湖亭」者，即員外新亭。此員外指李之芳言，因其所造得名也。「奉懷李員外」，乃是李邕。玄宗時，李邕曾為戶部員外。天寶初，為北海太守。公曾與同登此亭。今「暫如」而邕偶不在，故懷之。

野亭逼湖水，歇馬高林間。鼉吼風奔浪，魚跳日映山。暫遊阻詞伯，卻望懷青關。靄靄生雲霧，唯應促駕還。

《齊乘》：「亭在濟南城北嶅山湖上。」曰新亭，所以別於古。公詩「新亭結構罷，隱見清湖陰」，則新亭遺址亦可想見。歇馬，公暫遊而歇馬也。

鼉吼則風生浪起，句法下因上。日映山而返照於湖，故魚樂而躍，句法上因下。或云：魚跳而水中之日光俱動，若欲映山者然。

詞伯，指李邕言。李有登新亭詩，公曾和之。師古曰：「青關，地名。」趙子櫟曰：「李員外時必在青關，故有『卻望』之句。公再遊此亭，憶向日與李同登，今暫遊而偶與相阻，故望青關而興與懷也。青關必在臨邑近處，李亦暫往耳，故下句云『靄靄生雲霧，惟應促駕還』。言天將欲雨，應促李駕速還也。諸注謂公遊亭思還，豈有自言促駕之理？且於『惟應』二字無著落。」

房兵曹胡馬

黃鶴曰：「《唐志》：『東宮、王府、三都都督府、都護府皆有兵曹。』房兵曹，未詳何人。」

胡馬大宛名，鋒棱瘦骨成。竹此雙耳峻，風入四蹄輕。所向無空闊，真堪託死生。驍騰有如此，萬里可橫行。

漢伐大宛，獲汗血馬。首言馬之所產。張耒曰：「馬以神氣清勁為佳，不在多肉。所云『鋒棱瘦骨成』也，以骨瘦見其鋒棱。」

竹批，如批竹也。《相馬經》：「耳欲銳而小如削筒。」唐太宗敘十驥曰：「耳根纖銳，杉竹難方。」王子年《拾遺記》：「曹洪所乘，號曰白鵠。此馬走時，惟覺耳中風聲，足似不踐地，時人謂乘風而行。」

「所向無空闊」，雖空闊之處，可一躍而過，故此馬「真堪託死生」。如劉寂之為慕容垂所逼，策馬跳五丈澗而脫是也。公《高都護驄馬行》云：「此馬臨陣久無敵，與人一心成大功。」馬能與人一心，故死生可託。然託生易，託死難。既云「空闊」，則人所不能過，所云死地也，而託馬以生。生與死轉盼

間，只在馬所向耳。馬之大功何如哉！

畢致中曰：「『真堪託死生』，味一『真』字，無限感慨。君臣朋友，當其指天誓日，誰不以死生相託。時移事去，覆雨翻雲，不為悠悠行路者，鮮矣。曰『真堪』，隱然見世之握手論心者徒虛語耳，不若逸群伏櫪中，猶有張邈之臧洪、李固之王成、趙朔之二客、田橫之五百士也。感時悼俗、痛哭流涕之談，莫輕易讀過。」

顏延之《赭白馬賦》：「料武藝，品驍騰。」《史記》：「樊噲曰：『臣願得十萬眾，橫行匈奴中。』」結句當指房兵曹說，從上七句推開一步。謂房兵曹有馬如此，可橫行萬里之外，以取奇勳也，結到房兵曹局意方緊。不然，通首詠馬，未免黏皮帶骨。幾於作詩，必此詩矣。

畫鷹

素練風霜起，蒼鷹畫作殊。攫身思狡兔，側目似愁胡。絛鏇光堪摘，軒楹勢可呼。何當擊凡鳥，毛血灑平蕪。

凡畫之妙，必先論絹。公云「我有一匹好東絹，請君放筆為直幹」是也。素練如霜，絹色便尒不同。張南湖曰：「風霜非言絹色，已為蒼鷹寫照矣。」蓋素練所以「風霜起」者，止因「蒼鷹畫作殊」也。下六句正見「畫作殊」。

攫，苟勇切。《禮部韻略》：「挺也。」《千家注》：「攫猶辣也。」黃鶴曰：「鷹產於岱北，出於胡地。愁胡，謂思胡地也。」邵寶曰：「胡人面如愁，謂有所思。」隋魏彥深《鷹賦》：「立如植木，望似愁胡。」

絛，所以繫鷹足者。鏇，轉鐶，所以繫絛者。傅玄《鷹賦》：「飾玉彩之華絆，結璇璣之金環。」蓋鷹飾也。光堪摘，言絛鏇之色鮮明可愛，此見畫手之工。舊注猶言可解，非是。軒楹，謂畫鷹立於軒楹之上，飛動如生。勢可呼，言可呼以獵也。

何當，猶言安得也。公賦《王兵馬二角鷹》云：「杉雞竹兔不自惜，孩虎野牛俱辟易。」又云：「惡鳥飛飛啄金屋，安得爾輩開其群，驅出六合梟鸞分。」蓋鷹之摯，取其能擊凡鳥耳。鳥既凡，則無所關於世用。雖毛血盡灑，亦不足惜。公具摯性，於物之凡者，恒厭嫉之。故詠《畫馬》亦云「一洗萬古凡馬空」。能於畫中盡洗凡馬，盡擊凡鳥，畫工之下筆入神固不必言，其胸中大有不可一世之意，故曰「畫作殊」也。細詳「何當」二字，應指畫工言。蓋中四語，蒼鷹之神情骨相既為寫出，乃併其所擊之物毛血逼露也。詠畫至此，

畫亦真矣。

李蠓庵曰：「詠物之作，黏皮著骨固不可，盡失本來面目尤不可。如公二詩，首言胡馬骨相之異，而以萬里橫行結之。若為馬詠，又若為房兵曹詠，所謂索之於牝牡驪黃之外者。詠畫鷹卻似真鷹。然首云『素練風霜起』，若為鷹詠，又若為素練詠，則已非真鷹矣。後六句細微畢寫，無不工妙。至畫出凡鳥之毛血，便爾拓開一步，不為蒼鷹黏帶。筆力矯健豪縱，區區模寫體貼以為詠物者，何足以語此！」

巳上人茅屋

舊次與洛兗所作詩先後。偽歐陽注以巳上人為齊己，謬甚。

巳公茅屋下，可以賦新詩。枕簟入林僻，茶瓜留客遲。江蓮搖白羽，天棘蔓青絲。空忝許詢輩，難酬支遁詞。

賦新詩，巳公賦也。何地無上人，何上人無茅屋，而必「巳公茅屋下，可以賦新詩」，正從其茅屋下之景物言也。中二聯即茅屋下景物，末聯是贊其新詩。

《宋樂府》：「種蓮長江邊。」白羽，扇也，比江蓮如扇之搖也。

董斯張曰：「白羽，如值其鷺羽之羽，狀蓮之迎風而舞也。諸注云扇，非。」《學林新編》云：「『天棘蔓青絲』，蓋天門冬亦名天棘，其苗蔓生，好纏竹木上，葉細如青絲，寺院庭檻中多植之。」蔡夢弼曰：「《博物志》、《抱朴子》皆言天門冬一名顛棘，蓋天、顛聲相近也。後人改蔓為蘿，又以天棘為柳，皆非是。」

支遁字道林，講《維摩經》，許詢嘗設問難。公蓋言我空忝許詢之流，而難酬對支遁，所以美巳公之新詩也。

《高僧傳》云：「優婆塞支謙，一名越，本月支人，來遊漢境。桓、靈之世有支讖，譯出眾經。有支亮，資學於讖，謙又受筆於亮。亮學異書，通六國語，時人語曰支郎。」然則支云者，其僧之通稱與？

毛文濤曰：「『輩』字，死字作活字用，謂雖與許詢追隨後先於支公，然不能仰酬其詞也。語雖兩對，意實直注。又中藏宛轉，非泛然對結。」

李雪嵐曰：「少陵作八句近體詩，卒章有時而對，然語意皆章之詞。若此結本是對偶，讀之初不覺為對偶也。後人倣之，臨了卻作一頸聯，一篇之意無所屬，大是可笑。」

冬日有懷李白

按：天寶三載三月，李白自翰林放歸。四載，白在齊州，公與同遊歷下。所云「余亦東蒙客，憐君如弟兄」、「醉眠秋共被，攜手日同行」時也。白有《魯郡石門別公》詩。其別也，當是秋時，故又云「秋來相顧尚飄蓬，未就丹砂愧葛洪」。此是別後冬日之懷，斷是四載冬作。諸注謂是白未官時，誤矣。

寂寞書齋裏，終朝獨爾思。更尋嘉樹傳，不忘角弓詩。裋一作「短」。褐風霜入，還丹日月遲。未因乘興去，空有鹿門期。

公乍與白別，不覺寂寞之甚。回憶痛飲狂歌、共被攜手時，安得不思。他人不足懷，獨於爾不能不懷也。

《左傳》：「晉侯使韓宣子聘魯。魯公享之。宣子賦《角弓》。既享，宴於季氏，有嘉樹焉。宣子譽之。季武子曰：『宿敢不封殖此樹，以無忘《角弓》？』遂賦《甘棠》。」此用一事翻兩句法，言己之懷李，如季武之不忘韓宣，正是憐君如兄弟，真有兄弟婚姻無相遠矣之義，非泛用其語也。

《方言》曰：「自關而西，襜褕短者謂之裋。」《漢書》：「貢禹裋褐不完。」《注》：「臣庾切。謂僮豎所著布長襦也。」褐，毛布也。時當冬日，懷其客遊之況如此。解者止因裋褐風霜，疑白爾時尚未官。不知白既放官，則捨簪笏而裋褐矣。所云「不願論簪笏，悠悠滄海情」何在？非風霜易入之地乎？還丹，九轉丹也。道經言還丹能使人長生不老。白與公同遊時，業已脫身金閨，肆志幽討，願棄官而學仙久矣。故公亦云「苦乏大藥資，方期拾瑤草。」蓋欲與白偕隱也。一則曰「未就丹砂愧葛洪」，再則曰「還丹日月遲」，正恐其浪遊遲暮，並學仙亦蹉跎耳。白《長歌行》云「富貴與神仙，蹉跎成兩失」，正公懷中意也。

末聯公自言無因乘興，如王子猷訪戴而去也。因是冬日之懷，故用訪戴事。《列仙傳》：「龐公採藥鹿門。」「空有鹿門期」，即拾瑤草之期，謂未能踐前日之約也。正是懷白之切。

按：公與白相從賦詩，始於天寶三四載間，前此未聞相善也。白生於武后聖曆二年，公生於睿宗先天元年，白長公十三歲。公於開元十九年遊剡溪，而白與吳筠同隱剡溪，則在天寶三年。相去十三載，斷未相值也。後公下第，遊齊趙，在開元二十三年。按白譜，時又不在齊趙。及白因賀知章薦，招入金鑾，則在天寶三載正月。時公在東都葬范陽太君，未嘗晤白於長安也。是載八月，白被放，客遊梁宋，始見公於東都，遂相從如兄弟耳。觀公後《寄白二十韻》

有云「乞歸優詔許，遇我宿心親」，是知乞歸後始遇我也。黃、蔡諸注俱謬，更俟博雅詳之。

春日憶李白

按：五載春，公歸長安，白被放浪遊，再入吳。此必五載春作也。

白也詩無敵，飄然思不群。清新庾開府，俊逸鮑參軍。渭北春天樹，江東日暮雲。何時一樽酒，重與細論文。

郭青螺曰：「『白也』二字非漫語。《檀弓》曰：『為伋也妻者，是為白也母。』鍾嶸《詩品》：「曹思王超逸古今，卓爾不群。」

《周書》：「庾信，字子山，南陽新野人也。幼而俊邁，聰明絕倫。閔帝踐祚，遷驃騎大將軍，開府儀同三司。」《宋書》：「鮑照，字明遠。文詞瞻逸。臨江王子頊為荊州，照為參軍，掌書記之任。」《西溪叢話》：「鮑照《白紵詞》一篇，白用之。又如『柳色黃金嫩，梨花白雪香』，乃陰鏗詩也。」此言白兼庾、鮑之長。

洪容齋曰：「既云『白也詩無敵』，又以庾、鮑比之，因有陋說云：庾不能俊逸，鮑不能清新，白也兼之，所以無敵。偶讀寒山詩云：『吾心似秋月，碧潭清皎潔。無物堪比倫，教我如何說。』既似秋月碧潭，乃以為無物堪比，何也？其意謂若無二物比倫，當如何說耳。讀者當以是求之。」

渭，非子美所居。時公已歸長安。江東，太白所在。此白再入吳時也。公有《送孔巢父遊江東》詩云：「南尋禹穴見李白，道甫問信今何如。」公之憶白可知。趙汸云：「不明言憶，而憶在其中。二語乃懷人之最深者。」

曰「細論」，欲與詳詩中之妙奧也。公與白同遊齊魯時，彼此贈答，必已互相傾倒。今別後追思，尚恨其論之未細，故欲與重論。蓋懷其人而不見則思其文，思其文而益懷則求其細。所云細者，乃文字之幽微，無人可與道，只堪向白論也。故曰「晚節漸於詩律細。」細之一字，公壯年不以自許，早已讓之白矣。或謂譏太白之才疏，乃先揚後抑意。何其陋劣！

洪容齋曰：「《維摩詰經》言文殊從佛所，將詣維摩丈室問疾苦。菩薩隨之者萬億計，曰：『二士共談，必說妙法。』予觀少陵欲與太白尊酒細論文，使二公果踐此言，時得供灑掃、撰杖履於其側，所謂不二法門、不傳之妙，啟聰繫蒙，出膚寸之澤以千里者，可勝道哉？」

畢致中曰：「王荊公云：『子美贈白詩曰清新庾開府，俊逸鮑參軍。但比之

庾、鮑而已。』又曰：『李侯有佳句，往往似陰鏗。則又在庾、鮑下矣。』荊公此說，不惟不知太白、庾、鮑、陰鏗，亦不知少陵甚矣。少陵《解悶絕句》曰『陶冶性靈存底物，新詩改罷自長吟。熟知二謝將事，頗學陰何苦用心。』少陵嘗苦學陰鏗而不至，太白則往往似之，此少陵所以見太白而心醉也。太白能兼昔人獨專之妙，故其詩無敵於天下。少陵欲與細論文正以此。」

杜位宅守歲

位，公之從弟。《宰相世系表》：「位，考功郎中，湖州刺史。」《困學紀聞》：「位，李林甫壻也。」「四十明朝過」，《年譜》謂天寶十載，時林甫在相位，盍簪列炬，其炙手之徒與。又寄位詩：「近聞寬發離新州」，其流貶，蓋以林甫故。《林甫傳》云：「諸壻杜位等皆貶官。」

守歲阿戎一作「阿咸」。家，椒盤已頌花。盍簪喧櫪馬，列炬散林鴉。四十明朝過，飛騰暮景斜。誰能更拘束，爛醉是生涯。

《晉書》：「王戎，字濬沖。阮籍與戎父渾為友，時戎方十五歲，籍謂渾曰：『與卿語，不如共阿戎談。』」胡儼曰：「舊注以阿戎為王戎。位乃公從弟，不應用父子事。善本作阿咸。東坡《與子由》詩：『頭上銀幡笑阿咸』；又云：『欲喚阿咸來守歲，林鳥櫪馬間喧嘩。』正用公此詩也。」余觀《南史》：齊王思遠，小字阿戎，王晏之從弟也。清介有識鑒。隆昌之事，當切規晏。及晏貴盛，與思遠兄徵曰：『隆昌之際，阿戎勸我自裁。若如阿戎言，豈得有今日？』徵曰：『果如阿戎言，尚未晚也。』晏大怒。後果及禍。子美詩用阿戎，蓋出於此。注者遂定為阿咸，不知阮咸亦叔姪事，尤與兄弟不相當。東坡《與子由》偶誤用耳，何必據以為證？」

周處《風土記》：「元旦，俗人拜壽，上五辛盤、松柏頌、椒花酒。」《晉書》：「劉臻妻陳氏元旦獻椒花頌。」庾信詩：「椒花逐頌來。」

《易·豫》卦：「朋盍簪。」《注》：「簪，聚也。言朋友之會，如髮之聚於簪也。」是時林甫在相，趨勢附炎之徒從而媚其諸壻，雖歲除之夕，聚朋至於喧櫪馬，列炬至於散林鴉，可云赫奕甚矣。

公以一老布衣周旋其間，自言四十自明朝而過矣。公是年正四十也，時進《三大禮賦》，玄宗命侍制集賢院，尚未授官。欲望飛騰，無因上達。欲藉勢以進，則公生平有不能者，亦惟任其「暮景斜」耳。

公必目擊盍簪附勢之徒傴僂俯仰，見位而拘束循禮，深厭惡之，故次聯微

諷，欲使位稍抑其侈張之氣。後四語遂自言我年已暮景，不能效此拘束之態也，惟有爛醉是吾之生涯而已。

送韋書記赴安西

黃鶴曰：「安西都護府治所在龜茲國城內，節度使撫寧西域。考天寶十一載，封常清為安西副大都護，攝御史中丞，持節，充安西四鎮節度，經略度支營田副大使，知節度事。」〔註2〕韋必為書記也。

夫子嶔通貴，雲泥相望懸。白頭無藉在，朱綬有哀憐。書言赴三捷，公車留二年。欲浮江海去，此別意茫然。

《晉書》：「雲泥異途，邈矣懸隔。」首言已與韋通塞之異，下皆申言此意。

藉在，猶言聊賴。《千金翼論》：「老人之性，必恃其老。」無有藉在，如云無賴藉也。此謂無人慰藉如韋也，故與「哀憐」為對。以為通籍，殊舛。韋為書記，必賜緋，故云朱綬。白頭朱綬，見雲泥之懸。

《詩》「豈敢定居？一月三捷。」漢東方朔，待詔公車。公時獻賦，送隸有司，故云「公車留二年」。蓋公獻賦在天寶十載，時年四十。至十一載作此詩，恰是「留二年」也。此聯又見雲泥之懸。

結有惘然自失、黯然銷魂意。通篇之旨，見於言外。

寄高三十五書記

黃鶴曰：「高謂適也。《唐志》：節度使有掌書記一人。按舊史云：適解褐為汴州封丘尉，非其志也。乃去位，遊河右。河西節度使哥舒翰異之，表為左驍衛兵曹，充翰府掌書記。翰以天寶十二載加河西節度使，十三載拜太子太保，明年入京。而適為書記，亦在十三載。」

歎惜高生老，新詩日又多。美名人不及，佳句法如何。主將收才子，崆峒足凱歌。聞君已朱綬，且得慰蹉跎。

《舊唐書》：「天寶中，海內事干進者注意文詞。適年過五十，始留意篇什。數年之間，體格漸變，以氣質自高。每吟一篇，已為好事者稱誦。」

〔註2〕《補注杜詩》卷十八：

鶴曰：「公以天寶十載獻三賦，召試文章。進《封西嶽表》云：『幸得奏賦，待制於集賢。』今詩云：『公車留二年』，當是十一載作。文云：『白頭無藉在』，公自謂未受官也。安西都護府治所在龜茲國城內，節度使撫寧西域。是載，封常清為安西副大都護，攝御史中丞，持節，充安西四鎮節度，經略度支營田副大使，知節度事。」

　　詩必有法，非可謾作。少陵詩法，該括前代，而猶借問於高曰「佳句法如何」，非獨悟之於己，蓋亦資之於人，故曰「晚節漸於詩律細」。

　　主將，翰也。崆峒，隴右山名，指翰所在也。公詩：「崆峒小麥熟，且願休王師。請公問主將，焉用窮荒為。」《樂府詩集》：「天寶中，歌舒翰以破吐蕃收九曲黃河，置臨洮郡，適為作《九曲詞》。」

　　黃鶴曰：「『聞君已朱紱』，是時適未賜緋，何以有此句？按史，玄宗嘉適陳潼關敗亡之勢，至成都，方賜緋，除諫議大夫。此在至德二載。若是賜緋後寄之，又不應題曰書記。蓋祿山之亂，徵翰討賊，拜適拾遺，仍轉監察御史，佐翰守潼關。謂此時必已賜緋矣。曰『聞』，亦屬未定之詞。」

贈陳二補闕

　　《唐志》：「武后垂拱元年，置補闕拾遺，左右各二員。其後各增置六人，掌供奉諷諫。」

　　世儒多汩沒，夫子獨聲名。獻納開東觀，君王問長卿。皂雕寒始急，天馬老能行。自到青冥裏，休看白髮生。

　　陳補闕，未詳何人，必是博學老儒，故以夫子稱之。首云「世儒多汩沒」，見不能自奮者多。陳雖老，而聲名獨著，宜公亟稱之。

　　漢和帝永元十三年，帝幸東觀，覽書林，閱篇籍，博選藝術之士，以充其官注。陸機《洛陽記》曰：「在南宮，高閣十二間，介於承風觀。」又：「馬融博通，三入東觀。」《相如傳》：「楊得意為都監，侍漢武帝。帝讀《子虛賦》而喜之，曰：『朕獨不得與此人同時哉！』得意曰：『臣邑人司馬相如自言為此賦。』帝驚，乃召問相如。」

　　《舊唐書》：「王志愔除左臺御史，百僚畏憚，時人呼為皂雕，言其顧瞻人吏，如皂雕之視燕雀也。皂雕遇寒，而搏擊之勢愈急。」曰「寒始急」、「老能行」，總喻陳不以衰老易諫諍之性耳，此亦隱然以攀輪折檻風采望之，非徒祝其飛騰馳驛也。

　　末聯言從此置身青霄，休看白髮之生，自阻其志，總見不肯汩沒意。

崔駙馬山亭宴集

　　黃鶴曰：「玄宗二十九女，惟晉國公主下嫁崔惠童，咸宜公主下嫁崔嵩。而《會要》云高都公主下降裴惠童。雖晉國始封高都，後徙封晉國，而崔與

裴迥異。此附馬未詳何人。」〔註3〕錢牧齋曰：「山亭即京城東駙馬崔惠童山池也。」

蕭史幽棲地，林間踏鳳毛。狀流何處入，亂石閉門高。客醉揮金椀，詩成得繡袍。清秋多宴會，終日困香醪。

前四句言「崔駙馬山亭」，後四句言「宴集」。

蕭史娶秦女弄玉，藉以比崔。曰「幽棲地」、曰「林間」，便見駙馬幽閒之趣，與矜貴勢者迥別。踏鳳毛，謂蕭史弄玉乘鳳仙去，正言其幽棲也。

次聯是幽棲地。狀流不知其何處而入，亂石惟見其閉門而高。想見駙馬閉門即是深山，驕貴之氣為之頓盡。

「客醉揮金椀」，見駙馬能容客也，雖金椀亦任其揮，則駙馬之好客可知。《唐會要》：「天授三年，內出繡袍，賜新除都督、刺史。其袍皆刺繡作山形。」又：「天載元年，內出繡袍，賜文武官三品以上。其袍文，宰相飾以鳳池，尚書飾以對雁。」《千家注》曰：「唐武后使東方虯、宋之問賦詩，詩先成者得錦袍。」此見駙馬不惜厚賜也。

唐時公主驕貴，駙馬賢者絕少。公《宴鄭駙馬洞中》，極贊其以琥珀盃、瑪瑙椀待客。然未聞揮金椀也。今觀崔駙馬金椀、繡袍俱不愛惜，其賢更甚於鄭，故公急歎美之。

末二句推開一步說。時祿山未反，京師承平，宴會不絕，故公友覺香醪之困人也。若云日宴於駙馬，則陋矣。

送裴二虬作尉永嘉

裴虬，字深淵。大曆四年，為道州刺史。所謂裴端公者是也。公有《暮秋枉裴道州手札》詩，「憶子初尉永嘉去」云云。考《世系表》，虬終於諫議大夫，乃裴洗馬之後。

孤嶼亭何處，天涯水氣中。故人官就此，絕境與誰同。隱吏逢梅福，吟詩憶謝公。扁舟吾已就，把釣待秋風。

謝靈運《登江中孤嶼詩》：「亂流趨正絕，孤嶼媚中川。」《寰宇記》：「孤嶼在溫州南四里永嘉江中，渚長三百丈，闊七十步。嶼有二峰。」李白詩：「康

〔註3〕《補注杜詩》卷十八：
鶴曰：「玄宗二十九女，唯晉國公主下嫁崔惠童，咸宜公主下嫁崔嵩。而《會要》云高都公主下降裴惠。童雖晉國始封高都，貞元元年徙封晉國，而崔與裴為異，此詩未辨與誰。」

樂上官去，永嘉遊石門。江亭有孤嶼，千載跡猶存。」此詩起二句自相問答，荒涼可見。次聯又與上聯相叫喚，深致繾綣之意。

漢梅福，字子真，九江人。為南昌尉。王莽專政，棄妻子去九江，傳以為仙。其後在會稽，變姓名為吳市門卒，所謂隱於吏也。引福以比裴之作尉。

謝靈運出為永嘉太守，郡有名山水，肆意遊遨。今積穀山南有謝公岩，其東有謝公池。舊注引謝安，非是。

是時公已獻賦，但送隸有司，參列選序，以為儒術難起，遂思歸故山，尋勝概。宜其欲駕舟訪裴，把釣於秋江之上也。

陪鄭廣文遊何將軍山林十首

黃鶴曰：「天寶九載秋七月乙亥，置廣文館於國子監，鄭虔首膺博士之命。以此詩第四首及後第五首考之，當是官未定時遊此。十四載，授河西尉，不拜，改右衛率府冑曹參軍。」

《長安志》：「塔坡者，以其浮屠，故名，在韋曲西，何將軍之山林也。今其地出美稻，土人謂之塔坡米。」《通志》：「少陵原乃樊川之北原，自司馬村起，至何將軍山林而盡。其高三百丈，在杜城之東、韋曲之西，上有浮圖亦廢，俗呼為塔坡。」張禮《遊城南記》：「謁龍堂，循清明渠而西，至皇子陂，徘徊久之。覽韓鄭郊居。至韋曲，叩堯夫門，上逍遙公讀書臺。尋所謂何將軍山林而不可見。因思唐人之居城南者，往往舊跡湮沒，無所考求，豈勝遺恨哉！」

不識南塘路，今知第五橋。名園依綠水，野竹上青霄。谷口舊相得，濠梁今見招。平生為幽興，未惜馬蹄遙。

《遊城南記》：「今第五橋在韋曲之西，與沈家橋相近。」按：許渾詩云「背嶺沈南塘」，其亦韋曲之左右乎？又云：「內家橋之西有沈家橋，第五橋亦以姓名。」《通志》：「韋曲之西有華嚴寺，寺西北有雁鶩陂，陂西北有第五橋。隋開皇三年築京城，引香積渠水，自赤欄橋經第五橋西北入城。」

首二句參錯成文，本謂昔日不幟南塘路、第五橋，而今始知之也。是初過何氏。《玉林補遺》曰：「此以兩句道一事格也。」

引谷口鄭子真比廣文，言廣文與何將軍原舊相得，而余則因鄭以見招，故借用莊子、惠子同遊濠梁事。後鄭十八貶台州，公詩有「第五橋東流恨水，皇陂岸北結愁亭」之句，正追憶此遊耳。

首聯紀地，次聯紀景，三聯紀同遊之人，尾聯紀來遊之興。

百頃風潭上，千章夏木清。卑枝低結子，接葉暗巢鶯。鮮鯽銀絲膾，香芹碧澗羹。翻疑柂樓底，晚飯越中行。

大材曰章。千章，見《史記·貨殖傳》。首二句，十字句法，本謂百頃風潭之上，而有千章夏木之清耳。紀地紀物，有景有時，眼界可想。

次聯緊承「夏木」。低、暗、卑、接四字，俱句中眼。低、暗正從卑、接生來。

三聯應上「風潭」。林洪曰：「芹，楚葵也，又名水英。有二種。荻芹取根，赤芹取葉與莖，俱可食。二月三月作英時，採之入湯。取出，以苦酒研子，入鹽，與茴香漬之，可作菹。惟瀹而羹之，既清而馨，猶碧潤然。故子美有『香芹碧澗羹』之句。或曰：芹，微草也。子美何取而誦詠之？不思野人持此，猶欲以獻於君者乎？」

因其庖饌之風味有似越中，故公忽作越中之想，獨聞吳詠而思吳也。舟大則有柂樓，百頃風潭，可泛巨舟。遊詠之樂，必自朝及晚。翻疑晚飯之頃，便作越中行也。憶越之至，即疑此地為越中。結語亦十字句法。

萬里戎王子，何年別月氏。音支。**異花開絕域，滋蔓匝青池。漢使徒空到，神農竟不知。露翻兼雨打，開拆漸離披。**

月氏，西域國也。戎王子，月氏花名，猶戎菽、戎葵之類。以其種出於戎，故曰戎。《月令》有王爪之名。所云王者，其即此意歟？

本是月氏之花，萬里別月氏而來，向開絕域。今滋蔓於清池，此見何將軍能致異花也。

張騫使西域，僅得石榴、胡桃、苜蓿諸種，而未曾得此花，則亦空到耳。神農著《本草》，竟不知有此花，總見其種之異。

末聯因花之異而惜之，謂不及觀其盛也。宋玉《九辯》：「白露下百草兮，奄梧楸以離披。」

旁舍連高竹，疏籬帶晚花。碾渦深沒馬，藤蔓曲藏蛇。詞賦工無益，山林跡未賒。盡撋書籍賣，來問爾東家。

旁舍，山林之旁屋也。碾渦，碾磑間水渦漩也。

此詩在獻賦之後。賦雖上獻，止送隸有司，參列引序。則賦雖工，無益也。賒，遠也。微祿未沾，與山林之跡奚遠。

撋、拈同，以指取物也。何本武夫，林居之勝如此，工詞賦者奚益哉？不

若「盡撚書籍賣」,與爾作比鄰也。《家語》:「孔子,東家丘也。」《邴原傳》曰:「原遊學,詣孫崧。崧曰:『君鄉里鄭君,學者之模範也。君乃舍之。所謂以鄭君為東家丘也。』原曰:『君以鄭君為東家丘,以僕為西家愚夫耶?』」

　　剩水滄江破,殘山碣石開。綠垂風折筍,紅綻雨肥梅。銀甲彈箏用,金魚換酒來。興移無灑掃,隨意坐莓苔。

　　首聯極為奇壯,解者往往失之。《唐書》:「殘膏賸馥。」「賸」作「剩」。何將軍好事,引江為池,鑿山為洞,不惜功力。故濬池蓄水,盡取滄江之剩水,而滄江若為之破;累石為山,盡收碣石之殘山,而碣石若為之開。滄江、碣石,天下之巨觀,因山林中取其殘剩,而直破滄江,頓開碣石,則山林亦雄瀾矣。

　　風折筍而綠垂,雨肥梅而紅綻,此倒裝句法。

　　李義山詩:「十二學彈箏,銀甲不曾卸。」以銀作指甲,取其有聲。此言以銀甲彈箏。佩魚換酒,如賀知章之取金龜,阮遙集之解金貂,具見何將軍豪致不俗,須寫得富貴氣象。若如劉須溪雲將軍好客而貧,至解金魚換酒,興味索然矣。

　　末聯總結通首。登山玩水,烹筍摘梅,聽箏酌酒,隨其興之所至。無地不可坐,無景不可戀,雖莓苔亦不暇灑掃也。此與第一首結句皆含不盡意。

　　風礴吹陰雪,雲門吼瀑泉。酒醒思臥簟,衣冷欲裝綿。野老來看客,河魚不取錢。只疑淳樸處,自有一山川。

　　磴,石梯之道。雲門,謂雲擁於山門也。夏日遊山林,而曰「吹陰雪」,狀其地之高寒。瀑泉吼於山門,亦狀山林中凜冽之氣。毛文濤曰:「飛瀑之濺,乍疑吹雪。是下句解上句法。」

　　次聯承上「陰寒」來。酒方醒,輒思臥簟;衣甚冷,竟欲裝綿。山林之中,真可忘暑。

　　將軍愛客,野老來看,山林之邃,不禁入遊也。河魚之利,任人網罟,山林之物,不禁人取也。如此乃見「淳樸」,乃見「自有一山川」。謂將軍山林與杜陵、韋曲相去咫尺耳,而風俗乃有不同者,宜公樂遊於淳樸之中,相與追隨而不忍去也。

　　「自有一山川」,不獨承上聯,正言夏月來遊,而陰寒如吹雪,至衣冷欲綿,則山川亦大異矣。並結通首,尤妙。

　　棘樹寒雲色,茵陳春藕香。脆添生菜美,陰益食簟涼。野鶴清晨出,

山精白日藏。石林蟠水府，百里獨蒼蒼。

棘樹，棗樹也。吳若本注：「刊作楝。」《爾雅》云：「楝，赤楝，白楝。山厄切。」《注》云：「白楝葉圓而岐，為大木狀，其色似寒雲也。」《本草》云：「茵陳，蒿類也。經冬不死，更因舊苗而生，故曰因陳。氣極芬香，如春藕。」

「脆添」句貼「茵陳」，「陰益」句貼「棘樹」，謂生菜得茵陳之脆，愈添其美也。簞，小筐，盛飯食者。方曰筥，圓曰簞。謂食簞鋪於棘樹之下，陰益其涼也。山林本涼，得棘樹而愈涼矣。

野鶴，好鳥。欲其出者，則清晨出。山精，魑魅之屬，欲其藏者，則白日藏。此見山林之中無所不有，故結言直蟠水府，至百里蒼蒼也。

水府，即指百頃風潭。「百里獨蒼蒼」，言百里之內，獨何山林為蒼秀也。故下首遂憶楊柳渚、定昆池。

憶過楊柳渚，走馬定昆池。醉把青荷葉，狂遺白接羅。刺船思郢客，解水乞吳兒。坐對秦山晚，江湖興頗隨。

《明皇雜錄》：「中宗幼女安樂公主與長寧公主競起第舍，以侈麗相高，擬於宮掖。安樂公主請昆明池，以百姓蒲魚所資，不許。公主不悅，乃更奪民田，自鑒為定昆池，廣袤百里，累石象華山，引水象天津。欲以勝昆明，故名定昆。」《雍錄》：「定昆池在長安西南十五里。」《遊城南記》：「第五橋在韋曲之西，定昆池在韋曲之北。」楊柳渚，今不可考。

胡遯叟曰：「此必何園經過相近之地，入詠今詩，局寬展，非為離母。」愚謂前六句，公憶昔遊也。今在何山林，坐對秦山，不覺復起江湖之興，正不必泥定山林作詠。

青荷葉，酒杯也。今燒瓷為荷葉杯是也。或謂即摘荷葉為杯，或謂即醉把茱萸之意，俱非是。此與「醉客拈鸚鵡，佳人指鳳凰」句法相類，言其物而不言其名也。

白接，羅巾也。《爾雅注》：「白鷺翅上有長翰毛，江東取為接羅。山簡遊習家池，時有兒童歌曰：『時時能騎馬，倒著白接羅。』」

郢，楚都也。刺，操也。楚人善操舟。晉山濤詩：「刺船蓮花浦，郢客思遨遊。」乞，與也。吳人善泅水。南人謂北人為傖父，北人謂南人為吳兒，皆常語也。

前言往日遨遊之興，醉而且狂，茲欲得吳楚之善操舟與解水者，資之以遠適江湖也。在何山林所對之山，俱為秦山。對秦山而動江湖之興，無非欲快其

遊志耳。

　　床上書連屋，階前樹拂雲。將軍不好武，稚子總能文。醒酒微風入，聽詩靜夜分。絺衣掛蘿薜，涼月白紛紛。

　　詠將軍山林，說到床書連屋，稚子能文。靜夜聽詩，則將軍之不好武可知，具見開元承平，人民安樂。雖將軍之家，絕不談武，而子弟亦總能文，又能招致佳客，盡飲酒談詩之趣。此朝廷何等時也。劉須溪曰：「此章言外亦具世變。」

　　「醒酒」二句是倒裝句法。微風入可以醒酒，靜夜分猶然聽詩也。絺衣掛於蘿薜，月色映之，其白紛紛而零亂。寫景妙絕。

　　趙汸曰：「微風涼月，不作對偶。轉換開闔，意態無窮。此所謂大家數也。」

　　幽意忽不愜，歸期無奈何。出門流水住，回首白雲多。自笑燈前舞，誰憐醉後歌。祇應與朋好，風雨亦來過。

　　左太沖作《三都賦》，初意思甚不愜。此云幽意不愜者，謂連日勝遊，可云適意矣。至此而幽意忽然不愜，正不忍捨山林而去也。

　　趙汸曰：「自敘客懷，謂所以忽不愜，由未有歸期也。」蔡夢弼曰：「謂欲歸也。」愚按：如此解，並遊山林之興索然矣。此正公惟恐其歸，故云「歸期無奈何」也。謂言及歸期，便無可奈何耳。

　　此言一出，何氏之門雖流水亦若住也，正不忍歸意。出門則流水亦住，回首則白雲更多。人豈有不愛流水與白雲者乎？奈何使我捨山林而去！

　　燈前舞，醉後歌，皆晏飲時自露之態。舉世不能容公之狂，而何將軍日與遊而不覺，此真有知己之感。「自笑」、「誰憐」，亦不忍捨意也。

　　未言別而又欲過，至風雨亦欲過，公之愛戀山林，可云至矣。便起後重遊五首之意。

　　趙汸曰：「凡一題而賦數首者，須首尾布置，有起有結，每章各有主意，無繁複不倫之失，乃是家數。觀此十首及後五首可見。」愚按：一言陪鄭，次言泛舟，三言異花，四言卜鄰，五言隨意，六言淳樸，七言晝宴，八言往事，九言夜飲，十言不欲歸。己之貪勝探幽，何之文雅好客，讀去錯落自見。欲覓一意雷同處不可得，正不必泥其首尾位置也。

重過何氏五首

　　問訊東橋竹，將軍有報書。倒衣還命駕，高枕乃吾廬。花妥鶯捎蝶，

溪喧獺趁魚。重來休沐地，真作野人居。

東橋，即第五橋。問訊，敘舊好也。何以獨言竹？此暗翻看竹不問主人事耳。

倒衣，言速往也。還見，重過也。既得報書而即往，既至則高枕如吾廬，具見賓主相忘，意象真率。

花妥，吳若本注：「刊作墮，音妥。」關中人謂落為妥。三山老人曰：「花妥即花墮也。」《曲禮正義》云：「妥，下也。」捎，掠取之義。花何以妥？因鶯捎蝶而花為之墮也。溪何以喧？因獺趁魚而水為之喧也。蔡夢弼謂花枝妥貼之際，而有鶯掠蝶；溪聲喧沸之中，而有獺趁魚。諸注因之，殊失自然之致。

古者諸侯朝於京師，有休沐地，言休息以洗沐也。將軍仕於朝，所賜休沐地，乃作野人居，極形將軍忘勢而耽幽。今日重來，乃益信其真也。

山雨樽仍在，沙沉榻未移。犬迎曾宿客，鴉護落巢兒。雲薄翠微寺，天清皇子陂。向來幽興極，步屧過東籬。

樽與榻，皆前遊所設也。山雨，則樽宜收藏矣，而今仍在。沙沉，言塵沙棲於榻上也。沙沉，則榻宜移徙矣，而今未移。總見將軍之好客，又見將軍之設榻崇以待客。我今日重遊，益知其愛客之情也。

曰「曾宿客」，益見重遊。鴉護兒，即景所見，借對上句。

《長安志》：「翠微寺在終南山。」《唐會要》：「武德八年，造太和宮於終南山。貞觀二十一年，改建為翠微宮。包山為苑，自栽木至設幄，九日而畢工。元和元年，廢為寺。」杜詩「雲薄翠微寺」，則固已謂之寺矣。《水經注》：「沈水上承皇子陂於樊川」，其地即杜之樊鄉也。《長安志》：「永安陂在萬年縣南二十五里。」《十道志》：「秦葬皇子起，其冢在陂北原，故名皇子陂。隋改為永安陂，唐復舊。」此聯拓開，說寺與陂，山林近地之勝境也。雲薄、天清，狀其可遊之景。

末聯緊接上二句，謂向來幽興之極尚未曾遊，今重過此，不覺欲步屧而過東籬也。屧、徙同。言自山林而從此往遊，任其足之欲前矣。

落日平臺上，春風啜茗時。石欄斜點筆，桐葉坐題詩。翡翠鳴衣桁，蜻蜓立釣絲。自今幽興熟，來往亦無時。

平臺，山林中之臺也。桐葉、蜻蜓，皆夏月之物。此仍是夏遊。春風字，詩中偶用耳。

桁，橫木也。衣桁，曬衣之桁，而翠鳥鳴於其上。釣絲，垂釣之絲，而蜻蜓立而不去。蟲鳥與人相馴，總見幽致。前六句皆今日幽興。公所熟視，來往無期，又預訂將來也。

頗怪朝參懶，應耽野趣長。雨抛金鎖甲，苔臥綠沉槍。手自移蒲柳，家纔足稻粱。看君用幽意，白日到羲皇。

《右軍帖》：「吾怪足下朝參少晚，不知有何事情。」首聯總喝起，中二聯參錯分應。此格公最慣用。然首兩句亦自相呼喚，非截然平講也。

甲言金鎖，以金線連鎖之也。符堅造金銀細甲，金為縱以縲之，是其類。蔡琰詩云：「金甲耀日光。」至今謂甲之精細者為鎖子甲，言相銜之密也。綠沉，謂調綠以飾器物，其色深沉也。《北史》：「隋文帝賜張衞綠沉甲。」《續齊諧記》：「王敬伯見一女取酒，提一綠沉漆榼。」王羲之《筆經》云：「有人以綠沉漆竹管見遺，甚可愛玩。」《古樂府》：「綠沉明月弦。」劉邵《趙都賦》曰：「其用器，則六弓四弩，綠沉黃間。」宋元嘉《起居注》：「廣州刺史韋郎作綠沉屏風。」《六典》鼓吹工人之服，亦有綠沉。皆言以綠沉飾器服也。《南史》：「武帝食西苑綠沉瓜。」皮日休《新竹》詩：「一架三百本，綠沉森冥冥。」皆語其色也。《武庫賦》曰：「綠沉之槍」，故槍亦稱綠沉。趙德麟以為竹名，薛蒼舒以為精鐵，失於不考耳。此謂甲與槍，乃將軍所日用之器。況金鎖之甲、綠沉之槍，尤器之裝飾貴重者也。抛甲於雨，臥槍於苔，全棄置不用，任其零落頹敗，不復愛惜，將軍豈復有朝參之念哉？惟耽野趣而已。《竹坡詩話》謂「甲抛於雨，為金所鎖；槍臥於苔，為綠所沉」，解甚繆。

《古今注》：「蒲柳生水邊，葉似青楊，一名蒲楊。」蒲柳之細，手自移植，則將軍耽野趣甚矣。家中稻糧，纔取足食，見非豐殖以自富者。不如此，不能遂其野趣。

陶潛《與子書》：「夏日虛閒，高臥北窗之下，清風颯至，自謂羲皇上人。」前二首，公一曰向來幽興，追憶前遊；再曰自今幽興，預期後遊。今又云「看君用幽意」，惟將軍之幽意與公之幽興合，故數往來而不厭也。

到此應常宿，相留可判年。蹉跎暮容色，悵望好林泉。何日沾微祿，歸山買薄田。斯遊恐不遂，把酒意茫然。

判與拚通。可判年，猶言可卒歲也。諸注解作牛年，恐無此拘泥之理。

《廣雅》：「蹉跎，失足貌。」時公年已四十，亦云「暮容」矣。

因獻賦不得官，故云「何日沾微祿」。此公自歎功名淹蹇，雖微祿亦不能

沾也。既沾微祿，便思買田歸山，即欲與何卜隣。可見公非欲仕，不過借微祿為隱資耳。斯遊，即指歸山言。誠恐遊不遂，故把酒而意茫然，緊承上聯說。

方采山云：「公以稷、契自許者，亦有沾祿買田語，可謂失言。」遯叟云：「聊致羨耳，正不妨。沾祿不遂，只有撚書籍賣耳。轉思前篇，欲為此老噴飯。」

按第一首，將軍有報書而即過，見重過也。一到而追敘既往，此人情之常，故次首以向來為言。既定而閒觀幽景，見重過之樂，故三首以自今為言。四首見將軍朝參之懶，至甲雨槍苔，則將軍之幽意決矣。五首乃言吾亦決計歸山，相留以卒歲也。但微祿未沾，買田無資，恐斯遊不能遂，故把酒而意茫然。五首一氣聯絡，無跡可尋，細玩自得之。

與鄠縣源大少府宴渼陂

鄠縣屬京兆，今西安府，夏之有扈國也。渼陂在鄠縣之西。公得寒字，岑參得人字，蓋公與岑參頻遊渼陂也。

應為西陂好，金錢罄一湌。飯抄雲子白，瓜嚼水精寒。無計回船下，空愁避酒難。主人情爛熳，持答翠琅玕。

「金錢罄一湌」，謂源大府不惜金錢，罄於一湌也，極言其宴之盛。公《李監宅》詩：「華筵直一金。」茲又云：「金錢罄一湌。」想見開元、天寶間物力沖饒，貴遊華侈而暴殄，隱然寓諷言外，故曰詩史。

《漢武內傳》：「王母曰：太上之樂，乃有風實、雲子、玉津、金漿。」葛洪《丹經》：「雲子，碎雲母也。」許彥周云：「今蜀中有碎礫，狀如米粒，蓋雲子石也。」借雲子以形容飯之白。「抄」字義，如「抄沒」之「抄」，謂盡食其飯，與「嚼」字義對。

回船既不能，避酒又不可，主人遣綣至矣。時岑參詩云：「載酒入天色，水涼難醉人。」公則愁其醉，岑又惟恐不醉也。

緊接「主人情爛漫」，正繳上五句。張平子《四愁詩》：「美人贈我青琅玕。」琅玕，石之似玉者，借言主情之爛漫也。無以詩答，答之以詩而已。

陪諸貴公子丈八溝攜妓納涼晚際遇雨二首

《遊城南記》：「下杜城之西有丈八溝。」即子美納涼遇雨之地。《通志》：「下杜城西有第五橋、丈八溝。」

落日放船好，輕風生浪遲。竹深留客處，荷淨納涼時。公子調冰水，

佳人雪藕絲。片雲頭上黑，應是雨催詩。

首聯是泛舟丈八溝，次聯是納涼，三聯是陪諸貴公子攜妓，結聯是晚際遇雨。

首言風日之美，次言花木之勝，以至公子調冰，佳人雪藕，遊何其樂。乃云黑則雨必至，然尚未遇雨也。後首雨來風急，遂至蕭颯而歸，須合作一首首。

雪，拭也。《家語》：「黍以雪桃。」雨催詩，猶喜其雨也。詩成則遊可散矣，乃甫催詩而已來。讀下首意況自別。

雨來霑席上，風急打船頭。越女紅裙濕，燕姬翠黛愁。纜侵堤柳繫，幔卷浪花浮。歸路翻蕭颯，陂塘五月秋。

首言風雨之惡，與前風日之美異。次言越女燕姬之愁，與調冰雪藕異。想見雨驟風狂，大有不暇吟詩之意。

風急故避舟於岸傍。侵，近也，謂侵堤柳而繫纜也。幔卷浪浮，亦見風急。次聯貼雨，三聯貼風也。

五月，祀時也。五月炎天，遂成秋景，歸路蕭颯，與放船納涼時又大異矣。

送張十二參軍赴蜀州因呈楊五侍御

黃鶴曰：「楊侍御使蜀，而張參軍往依之，故作此詩。」

張與楊，未詳何人。《唐志》：「三都大都督府諸州俱有參軍事，掌出使贊道。」

好去張公子，通家別恨添。雨行秦樹直，萬點蜀山尖。御史新驄馬，參軍舊紫髯。皇華吾善處，於汝定無嫌。

呂東萊曰：「凡詩人於姓張者，得稱曰張公子，蓋因漢成帝微行，自稱富平侯家。童謠曰：『張公子，時相見。』故公贈張垍曰『天上張公子』，杜牧贈張祐亦曰『誰人可得似張公子。』」好去，所以慰之也。恨別者，人之常情。因是通家世好，不覺恨為之添。

夾路植樹，故曰兩行。按《會要》：開元二十八年正月十三日，令兩京道路並種果樹。大曆八年七月，勅諸道官路不得令有耕種、斫伐樹木。其有闕處，勾當補填。則在唐時，道路兩傍皆植樹木。今自長安入蜀，道出於秦，故云。「秦樹」句，見道路所經。「蜀山」句，見幕府所在。

後漢桓典拜侍御史，常乘驄馬。晉郗超為桓溫參軍，府中語曰「髯將軍」。

驄馬稱楊，紫髯稱張。二句平看，下方見楊與己善，託張於楊之意。

《皇華》，《詩》篇。言楊侍御為皇華之使，乃吾所厚善之人，則於張亦必無嫌，所以薦之也。

九日曲江

《西京記》：「曲江以流水屈曲，故名。」

綴席茱萸好，浮舟菡萏衰。百年秋已半，一作「季秋時欲半」。**九日意兼悲。江水清源曲，荊門此路疑。晚來高興盡，搖盪菊花期。**

綴席，調插茱萸於席間。菡萏，蓮花也。公泛舟江中，即二物之盛衰，見九日之景。

「季秋時欲半」，既已堪悲，又值此佳節，故曰「兼悲」。「兼」字有無限之情。

《寰宇記》：「曲江池，漢武帝所造，名為宜春苑。其水曲折，有似廣陵之江。」桓溫九日宴龍山，其地在荊州門外，公疑龍山景物與今日曲江相似也。

末言是日之晚，在曲江賞玩之興已盡，則菊花期約又在明年矣。搖盪，未可定之詞。

故武衛將軍輓歌三首

《唐志》：「左右武衛將軍，職掌如左右衛，統領宮廷警衛之法。」譙周《法訓》：「輓歌者，漢高帝召田橫至尸鄉，自殺，從者不敢哭，又不勝哀，故為此歌以寄哀音，使挽柩者歌之。言人如薤露易晞，死歸蒿里，故有二章。李延年分為二曲。《薤露》送王公貴人，《蒿里》送大夫士庶。」

嚴警當寒夜，前軍落大星。狀夫思感決，哀詔惜精靈。王者今無戰，書生已勒銘。封侯意疏闊，編簡為誰青。

在禁宿衛，故云「嚴警」。《晉陽秋》：「有星赤而芒角，自東北西南流，投於諸葛亮營，俄而亮卒。」當寒夜而大星落，則將軍徂矣。

將軍之勇敢，足以鼓舞士卒，故部曲思其敢決。將軍之精靈，足以感動主上，故天子惜其精靈。曰「思」、曰「惜」，皆死後追輓之詞。

鍾士季檄蜀文王者之師，有徵無戰。班固為竇憲勒銘燕然山。後四句惜將軍勳業之不遂也，謂時不用戰，故齎志以歿。燕山之銘已勒，亦是不用戰意，特借言耳。書生即班固言，諸注云公自謂，非也。

《後漢・吳祐傳》:「祐父恢為南海太守,殺青簡以寫經書。」《注》:「殺青者,以火炙簡,令汗,取其青,易書,復不蠹,謂之殺青,亦謂汗簡。」末聯言將軍取侯封特易易,奈時當無戰,山已勒銘,欲封侯而意疏闊,故功未立,爵未崇,高名不著於青史也。疏闊,言時與事相違背也,深所以惜之,與上聯作一氣讀。

畢致中曰:「漢文帝語李廣:『惜哉,子不遇時!使當高皇帝世,萬戶侯反掌耳。』深惜將軍,正是此意。然不曰將軍已勒銘,而曰『書生已勒銘』,隱然見時際承平,雍容文墨者安坐而談麟閣功名之盛,遂使十萬橫行、五千深入之才湮沒青史,徒令吾輩作為哀挽之詞,以補千古簡編之缺,曷勝三歎也哉!」

舞劍過人絕,鳴弓射獸能。銛鋒行愜順,猛噬失蹻騰。赤羽一作「雨」。千夫膳,黃河十月冰。橫行沙漠外,神速至今稱。

此賦將軍驍勇也。曹子建詩:「攬弓健鳴鏑。」銛,利也。愜順,順適其意也。謂劍鋒所行,無不如意。此句見舞劍之過人。猛噬,獸之驍猛者,如虎豹之類。失蹻騰,言中箭而失其蹻騰也。此句見射獸之獨能。

舊注:赤羽為炙鴻雁。千夫膳,言所膳者千兵,見其愛士。汪瑗曰:「赤羽,箭也。」按:上文已言鳴弓善射矣,此復言箭,恐無重複之理,且與千夫膳不接。蔡夢弼注:「『赤羽』,一作『赤雨』,言葉落也。謂千夫聚落葉而造膳也,即埋窩造飯意,與『黃河』二字為確對。」此說未知所本。愚謂赤羽,旗也。公「春殿晴曛赤雨旗」,師行而旗幟在前也。尚書、千夫長、百夫長,皆隊伍也。師行而千夫聚膳,即公詩「野膳隨行帳」是也。前漢永平六年冬十月,河冰。《後漢書》:「光武至虖沱河,詭曰冰堅可渡。比至,河水盡合。」此言將軍勤王敢戰,無所畏難。

《漢書》:「岑彭兵至蜀,公孫述以杖擊地,曰:『是何神速!』」此首全是贊將軍之勇,而哀挽之意,觀末句「至今稱」三字自見。

哀挽青門去,新阡絳水遙。路人紛雨泣,天意颯風飄。部曲精仍銳,匈奴氣不驕。無由睹雄略,大樹日蕭蕭。

《寰宇記》:「絳山在絳州曲沃縣南十三里,去京兆東六百里。」置阡於此,柩從青門而去,故里路甚遙。

《〈漢光武紀〉注》:「大將軍營有五部三校尉,部下有曲,曲有軍侯一人。」舊注謂部曲精銳而外國畏之,兩句合作一句。愚謂非也。此俱從將軍既

死後言。曰「部曲精仍銳」，謂將軍雖死而部曲仍精銳也。「匈奴氣不驕」，謂外國雖聞將軍之死，而氣仍不敢驕。死而猶畏之也如此，方是挽辭。

汪瑗曰：「本謂泣如雨，倒『雨』字在上，與『風飄』作對。本謂仍精銳，析『精』字在上，與『氣不驕』作對。語意仍極隱順。」

合上見將軍之雄略，總以二字贊之。今也無由再睹，惟餘大樹蕭蕭耳。讀去詞意哀甚。

陪李金吾花下飲

李嗣業為金吾衛大將軍。祿山反，兩京陷，肅宗在靈武，詔嗣業赴行在。此必十四載春，嗣業在京時也。

勝地初相引，徐行得自娛。見輕吹鳥毳，隨意數花鬚。細草稱偏坐，香醪懶再沽。醉歸應犯夜，可怕李金吾。

按：此詩是公陪李金吾一路看花而飲，非坐於一處也。勝地，花開之勝地也。初相引，乍行也。下六句皆徐行得自娛意。

毳，鳥細毛也，如遊細飛絮之類。徐行而見輕飄於空際者，則吹之花鬚，舉花之最細微處而言。隨意而數，非徐行無此閑暇。此俱即事描寫，不必深泥。劉須溪曰：「武人重客，往往盡興。拂石吹絮，即此類也。」

「稱」字應作去聲讀，言遇細草之處，則稱意而偏坐。偏即亂坐意，謂隨地而坐也。此見徐行自娛。王荊公詩「細數落花因坐久，緩尋芳草得歸遲」，正用此意。

「香醪懶再沽」，亦見徐行意。貪花之勝，並飲酒亦懶也，遂起下醉歸怕犯句。

《唐六典》：「左右金吾衛大將軍各一人，將軍各二人，掌宮中及京城晝夜巡警。惟正月十五日夜，勑許金吾馳禁，前後各一日。」故蘇味道上元詩曰：「金吾不禁夜，玉漏莫相催。」末聊亦謔亦趣。

官定後戲贈

戲贈，自贈也。晚唐人有自貽、自贈等題，本此。

不作河西尉，淒涼為折腰。老夫怕趨走，率府且逍遙。耽酒須微祿，狂歌託聖朝。故山歸興盡，回首向風飆。

天寶十四載，授河西尉。不拜，改右衛率府冑曹參軍。時公年四十四矣。是年十一月，祿山反，故公詩云「昔據河西尉，初興冀北師」。

公家貧，不得不仕。既怕趨走，又須微祿，故且就率府逍遙也。「狂歌託聖朝」，見逍遙之意。

方官未定時，公贈崔學士詩云「故山多藥物」、「欲〔註4〕整還鄉旆」。而今云「故山歸興盡」，蓋官已定，無復歸山之興矣，但有臨風回首而已。

贈高式顏

式顏，適之族侄也。

昔別是何處，相逢皆老夫。故人還寂寞，削跡共艱虞。自失論文友，空知賣酒壚。平生飛動意，見爾不能無。

高適有《宋中送式顏》詩云：「惜君才未遇，愛君才若此。世上五百年，吾家一千里。」則式顏必是負才之人。此詩是祿山既反後，與式顏相逢於奉先白水間，年皆老而才未遇，故有「寂寞」、「削跡」之歎。

「故人還寂寞」，指高言，謂別久相逢，仍如是其寂寞也。「削跡共艱虞」，公自言，謂避家無地，想高亦如此，與爾共艱虞也。

《世說》：「晉王戎過黃公壚，謂客曰：『吾昔與嵇叔夜、阮嗣宗酣飲於此壚。自嵇、阮云亡以來，便為時所羈紲。今視此雖近，邈若山河。』」公《遣懷》詩云：「昔與高李輩，論文入酒壚。」亂離之際，好友相失，雖酒壚仍在，空知之而已，感慨無限。

亂離既甚，愁悶交逼，未免如死灰槁木，盡失其生平。況公所最喜者，論文也。《懷李白》云：「何時一樽酒，重與細論文。」《贈高適》云：「新詩日又多，佳句法如何。」又《贈李白》云：「飛揚跋扈為誰雄。」可見公與二友平日論文，意氣飛動，俱有不可一世之意。自失二友，文酒之興俱為沮喪。一旦相逢式顏，不覺飛動之意為之復萌。曰「見爾不能無」，猶云自今復不能無此意也。回思當日狂夫之態，殆已銷減過半。

九日楊奉先會白水崔明府

奉先，西魏蒲坂縣，屬同州。開元四年，改為奉先縣，移隸京兆府，以奉睿宗橋陵。十七年，升為赤縣。去長安一百五十里。

黃鶴曰：「安祿山以天寶十四載十一月反，公遣家先往奉先，此詩當是明年九月作。」愚按：天寶十五載，即肅宗至德元載也。公是年五月，自奉先

〔註4〕「欲」，底本殘，據《奉留贈集賢院崔於二學士》補。

往白水。六月，自白水往鄜州。聞肅宗立於鄜，遂奔行在，則九日已不在奉先矣。當是十四載九日，祿山未反前，公先在奉先，故有此作。奉先屬京兆，白水屬馮翊。崔明府，公之舅氏也。公有十四載《自京赴奉先縣詠懷五百字》。

黃漢臣曰：「子美一飯不忘君，況登高佳節，喪禮初驚，豈有漫無感慨之理？自應以十四載為是。蓋祿山反在十一月也。」

今日潘懷縣，同時陸濬儀。坐開桑落酒，來把菊花枝。天宇清霜淨，公堂宿霧披。晚酣留客舞，鳧鳥共差池。

晉潘岳，字安仁。武帝為河陽縣，轉懷縣。陸雲，字士龍。以公府掾為太子舍人，出補濬儀令。潘比楊，陸比崔也。

《水經注》：「河東郡民劉墮善釀酒，成於桑落之辰，故桑落得名。」《齊民要術》：「釀桑落酒，亦以九月。」庾信《就蒲州刺史乞酒詩》云：「蒲城桑葉落，灞岸菊花枝。」又云：「忽逢桑葉落，正值菊花開。」次聯正用其語。

「天宇清霜淨」，言其時。「公堂宿霧披」，言其地。謂楊之公堂也。晉衛瓘見樂廣曰：「若批雲霧而見青天。」

鳧鳥差池，以王喬為葉令事比楊、崔二公也。容醉且舞，想見王喬之鳧鳥亦與共差池，則二公之賢不覺與客俱醉矣。

白水明府舅宅喜雨得過字

《元和郡國志》：「白水，漢衙縣地。《春秋》『秦晉戰於彭衙』是也。後魏置白水郡。南臨白水，因以為名。」庸屬同州，奉先在白水之南。

吾舅政如此，古人誰復過。碧山晴又濕，白水雨偏多。精禱既不昧，歡娛將謂何。湯年旱頗甚，今日醉絃歌。

首言「古人誰復過」，後以湯結。古之禱雨者，莫誠於湯。而吾舅小試於白水，其政乃如此，誰復有過之者乎？借白水與碧山為對，晴又濕，正見雨多。

不昧，言其誠。歡娛，言白水之人盡歡娛也。將謂何，謂歡娛者爭相稱頌，不知從古以來，何人乃有此政，吾輩將以何人比之。正「古人誰復過」意也。

緊接「湯年旱頗甚」，雖湯之精誠，不能感雨如此之速。而今日有禱輒應，真遠過古人矣。按：十五載五月，公自奉先往白水避亂，故云今日吾亦醉於絃歌之中也。「醉絃歌」屬公說，便與「歡娛」句分別。

對雪

戰哭多新鬼，愁一作「悲」。吟獨老翁。亂雲低薄暮，急雪舞回風。瓢
棄樽無綠，爐存火似紅。數州消息斷，愁坐正書空。

考天寶十五載十月，房琯討安祿山，大敗於陳陶斜，故曰「戰哭多新鬼」。
公詩所云「四萬義軍同日死」是也。對雪獨悲，傷琯之無罪也。

次聯詠雪，三聯對雪所感。綠即酒也。沈休文詩云：「憂來命綠樽。」「火
似紅」，歎無火也。

時數州皆為祿山所陷，故「消息斷」。晉殷浩被黜，終日書空，作「咄咄
怪事」四字。按：此詩既曰「愁吟」，又曰「愁坐」，似有一誤。

嚴顥亭曰：「時肅宗已入賀蘭進明之謗，琯方持重有所伺，而中使邢延恩
等促戰，遂倉皇不及持。則陳陶、青阪之罪，琯不任受也。琯既敗，帝猶未即
廢，假琴工事以斥之。既斥，而朝士多言琯可大用，帝益不能容。是已知公議
不足重，故『愁吟獨老翁』也。殷浩書空，所云咄咄怪事。公正惜琯謀包文武，
乃有今日之敗，此非怪事而何？對雪而先書空，已為後日救琯伏案。」

月夜

天寶十四載十一月，公自京兆之奉先。十五載夏五月，自奉先之同州白水
縣。又自白水之鄜州，途出華原。是赴靈武時所經如此。同州，在華原東百八
十里。華原北至坊州百八十里。坊北至鄜百四十五里。公蓋自白水西北至華
原，又自華原北至坊，復自坊北至鄜，因寄家於鄜也。

今夜鄜州月，閨中只獨看。遙憐小兒女，未解憶長安。香霧雲鬟濕，
清輝玉臂寒。何時倚虛幌，雙照淚痕乾。

鄜州，今陝西路。是載，公家避難鄜州。公自鄜州奔赴朝廷，遂陷於賊，
故公獨在長安。此詩憶閨中而作也。

「閨中只獨看」，寫出閨中無限憶公之情。兒女俱小，未能解憶。「憶長安」
者，獨閨中也。香霧、清輝，俱月夜之景。雲鬟、玉臂，閨中飾也。曰「濕」、
曰「寒」，因夜坐不寐，獨看月而憶長安，雖鬟濕臂寒有所不知也。公為代寫
其憶況如此。

幌，幃也。虛幌，公長安家中之幌也。賊陷長安，公家亦遭焚劫，止虛幌
存耳。何時復與妻子聚首長安，再看月而敘別離之情，使月照我兩人雙淚也。
「雙」字正應上「獨」字。既得雙，則淚痕乾矣。

避地

此少陵逸詩，見《文苑英華》。嚴滄浪曰：「真少陵語也。」題下自注云：「至德二載丁酉作。」然必元載冬作也。

避地歲時晚，竄身筋骨勞。詩書逐牆壁，奴僕且旌旄。行在僅聞信，此生隨所遭。神堯舊天下，會見出腥臊。

此公避地白水、鄜州間，竄歸鳳翔時也。曰「歲時晚」，必是冬月矣。二載冬月，公已扈從還京，安得云「竄身」？

亂離之世，詩書無所用，逐之牆壁之間。逐，酒驅逐之義。高官大爵，半屬武臣。當時金吾告身，僅博一醉，則各器之濫可知。「奴僕且旌旄」，言雖下賤之流，皆可持麾秉鉞也。

行在，肅宗之行在，時已聞即位靈武矣。「此生隨所遭」，不知羸服往奔，且有遭逢與否，公亦隨之而已。

神堯，唐高祖也。腥臊，指祿山言。念神堯之得天下已舊，祿山豈得而據之？曰「會見出」者，此時必出腥臊而復神堯之舊物，見祿山滅亡之不遠也。

辟疆園杜詩注解五言律卷之二

平輿王養晦翰孺甫評

襄陵高晫晫蒼儼甫

梁奚顧　宸修遠甫著

元日寄韋氏妹

至德二載元日也。

近聞韋氏妹，迎在漢鍾離。郎伯殊方鎮，京華舊國移。春一作「秦」。城回北斗，郢樹發南枝。不見朝正使，啼痕滿面垂。

韋、杜俱長安人。公妹嫁於韋，韋必為官於鍾離，因迎公妹在鍾離也。曰「郎伯」、曰「鎮」，俱為官之詞。

春秋時，鍾離屬楚，唐屬河南濠州。殊方，即指鍾離言。舊國移，以祿山亂而京華改常也。鎮於殊方者不知京華之改舊，公因憶妹而寄語郎伯云：爾尚為殊方之鎮，誰知京華已改舊也。後四句正言京華之改舊，所以深致其悲思。

《三輔黃圖》：「長安城南為南斗形，北為北斗形。」《楚辭‧哀郢》云：「望長楸而太息。」故曰「郢樹」。《柳》詩：「長在荊門郢樹煙。」「春城回北斗」，言北之元日春自回，是北之元日如故也。「郢樹發南枝」，言南之元日樹自發，是南之元日不改也。公在北斗，妹在郢南，節氣依然如此。緊起下二句，此聯是不了語。

天寶六載十一月，敕中書門下奏，今後賀正使並取元日隨京官例序立。可見朝正使元日必到京，而今為亂所阻，不復有朝正使之跡矣。天子不在咸陽宮，宜「啼痕滿面垂」也。

李蟡庵曰：「北斗重回，南枝再發，春城、郢樹之景未嘗移也。所不見者，惟朝正使耳。山川風景，滿目悲涼，妙在從不移照出移字。」

題是寄妹，卻因妹而思及朝正使。按：韋鎮殊方，想元日必應到京朝賀。今不見韋來，故概言朝正使以望之。

春望

國破山河在，城春草木深。感時花濺淚，恨別鳥驚心。烽火連三月，家書抵萬金。白頭搔更短，渾欲不勝簪。

此祿山陷京師，公在賊中三月作也。國破無餘，所存者山河耳。城者，民人所居，當春而多草木，則民無孑遺矣。花鳥所以消愁，今遇之而濺淚驚心，則時可知矣。

三月，直指至德二載三月而言。趙注以天寶十四載十一月祿山反至次年正月為三月，失於不考。十五載正月，明皇未幸蜀。六月始幸蜀，安得謂之國破？是時公移家在奉先，五月方入鄜，道路未絕，書非難達，安得云「家書抵萬金」？

毛文濤曰：「『烽火連三月』，紀時也，應上『感時』。『家書抵萬金』，憶別也，應上『恨別』。」

鮑昭《行路難》云：「白髮零落不勝簪。」合上二聯，感時恨別，烽連書斷，真是無可奈何。髮本白，今搔之覺其更短，短至不勝簪，二語家國之感交集。

憶幼子

驥子春猶隔，鶯歌暖正繁。別離驚節換，聰慧與誰論。澗水空山道，柴門老樹村。憶渠愁只睡，炙背俯晴軒。

公之幼子宗武，字驥子。時公陷長安，家寓鄜州，故與隔絕也。曰「春獵隔」，謂去年已隔，今春獵未見也。「鶯歌」，春景，借與「驥子」作對。趙汸曰：「本是聽鶯歌而憶驥子，倒著一句，觀『猶』字、『正』字可見。『恨別鳥驚心』，此之謂也。」

「聰慧與誰論」，正見憶意。言雖有聰慧之子，不能目見其聰慧。今雖向人言，亦誰能信其然也。

「澗水」、「柴門」，指鄜州。羌村，寄家之地。地僻荒蕪若此，安能不憶？正為下句張本。

「晴軒」，鄜家之軒。晴亦春景也。惟晴，故稚子炙背。炙背而俯，寫出愁睡之狀。公之憶子，真如畫矣。

一百五日夜對月

無家對寒食，有淚如金波。斫卻月中桂，清光應更多。仳離放紅蕊，想像嚬青娥。牛女漫愁思，秋期猶渡河。

《筆談》曰：「此詩次聯不拘對偶，疑非律體。然起二句已的對矣。謂之偷春格。如梅花偷春色而先開也。」

《荊楚歲時記》：「去冬至一百五日，即有疾風甚雨，謂之寒食。據曆，合在清明前二日。亦有云去冬至一百六日者。」「無家對寒食」，謂身陷賊中，而家在鄜州也。《漢郊祀歌》：「月穆穆以金波。」顏師古曰：「言月光穆穆，如金之波流也。」公對月思家，即借金波以形己之淚。

《酉陽雜俎》言月中有桂，有蟾蜍，故異。言月桂高五百丈，下有一人常所之，樹隨創合。吳剛，西河人。學仙有過，謫令伐樹。《鶴林玉露》曰：「太白詩：『剗卻君山好，平鋪湘水流。』子美云：『斫卻月中桂，清光應更多。』二公所以為詩人冠冕者，胸襟闊大故也。此皆自然流出，不假安排。」汪瑗曰：「白樂天云：『遙憐天上桂華孤，為問姮娥更要無。月中幸有閒田地，何不中央種兩株。』少陵欲天下被其清光而嫌其多，樂天為嫦娥翫賞而惜其少。二公學識，於此可見。」

公對月憶家，無可奈何，直欲斫卻月中之桂，使清光更多，意在光多照遠，照及鄜州也。下二語亦借月以形家。

詩有女仳離、紅蕊、丹桂也。吳曾曰：「青娥謂娥眉也，作姮娥非是。公意謂當此仳離之時而放紅蕊，月桂所應斫者此也。想像閨中，容顏亦應顰蹙耳。因思牛女尚有會期，曾我別家，秋期難忘，可勝對月而悲感也。牛女渡河，亦因對月生來。」

畢致中曰：「青娥作姮娥亦好。紅蕊既言月桂，青娥疑是嫦娥，總是借月形家，不即不離，神情無限。曰『仳離』、曰『想像』，謂當此亂離，月中之桂亦仳離而開，嫦娥亦應顰蹙，可想像而見也。」秦甲先曰：「『仳離』二句，如為姮娥言，如自為家室言，約略近之。末聯歎己不及牛女，猶有會合期在，以足無家有淚之意。」

葛立方曰：「月輪當空，天下所共覩，故謝莊有『隔千里兮共明月』之句。蓋言人雖共處，而月則同瞻也。老杜當兵戈騷屑之際，與其妻各居一方，自人情觀之，豈能免閨門之念？而他詩未嘗一及之。至於明月之夕，則遐想長思，屢形詩什。《月夜》詩云：『今夜鄜州月，閨中只獨看』；繼之曰：『香霧雲

鬢濕，清輝玉臂寒。』《一百五日夜對月》云：『無家對寒食，有淚如金波』；繼之曰：『仳離放紅芷，想像嚬青娥。』《江月》詩云：『江月光於水，高樓思殺人』；繼之曰：『誰家挑錦字，燭滅翠眉嚬。』其數致意於閨門如此，其亦謝莊之意乎？顏延之對孝武，乃有「莊始知『隔千里兮共明月』」之說，是莊才情到處，延之未能曉也。」

喜達行在所三首

蔡邕《獨斷》曰：「天子以四海為家，謂所居為行在所。」《漢書》：「更始立光武為蕭王，悉令罷兵，詣行在所。」《寰宇記》：「至德二載，肅宗自順化郡幸扶風。十月，復兩京。十二月，置鳳翔府，號為西京，與成都、京兆、河南、太原為五京。」公自長安賊中脫身走謁，隨拜左拾遺。

西憶岐陽信，無人遂卻回。眼穿當落日，心死著寒灰。霧樹行相引，蓮峰一作「連山」。望或開。所親驚老叟，辛苦賊中來。

鳳翔府，漢右扶風也。魏為扶風郡，後魏改為岐州。隋於州城內置岐陽宮。岐陽縣在岐州東一百里居岐山之陽，因以為名。此公憶肅宗所在也。「無人遂卻回」，解者或云當時陷賊者皆不能歸，或云卻得遂潛逃回，俱未妥。蓋言從肅宗而往者無一人回京，故不得岐陽消息也。「遂卻」者，寫其難回之狀。「遂」是口〔註1〕，「卻」是不得歸，且前且卻，光景具見。上應「西憶」二字，下起「眼穿」「心死」四字。

惟無人回，不能得岐陽之信，故公望眼欲穿，當落日而猶望也。舊解云：「當此之際，公心如死灰。」愚謂此正公心未肯死也。「著」，猶置也。以心置於寒灰之中，冀其復然，故眼穿而望不可得，遂間關而往也。緊起下二句。若如寒灰既死，公不復萌前往之志矣。

公冒霧而往，霧中無所見，惟樹木隱現，若相引而行。「蓮峰」，西嶽蓮花峰也。望見蓮峰，或有時而開，亦是霧中之況。黃漢臣曰：「作『連山』更活。實指蓮峰，其境反呆。」劉須溪曰：「荒村岐路之間，望樹而往，並山曲折，或見其背，或見其面，非身歷顛沛，不知其言之工。」

「所親」，《漢書》云：「素所親任者。」時公必有所親，從肅宗於鳳翔，故驚公之能來也。眼欲穿矣，心欲死矣，冒霧而行，依山而走，那得不老且瘦，那得不辛苦。驚其能從賊中來，正應上「無人遂卻回」句，言在鳳翔者不

〔註1〕底本殘。

能到京師，而在賊中者反能達行在，宜其驚也。此詩逐聯緊接，一首如一句，不得草草看過。

愁思胡笳夕，淒涼漢苑春。生還今日事，間道暫時人。司隸章初睹，南陽氣已新。喜心翻倒極，嗚咽淚沾巾。

公陷賊久，厭聞吹笳聲。漢苑雖春，殘破之後，淒涼已極。首聯急欲脫身行也。

後漢班超妹昭上書，乞超生還。復見闕廷，本是赴行在，卻云「生還」，君之所在即為家也。「間道」，從間隙之道而行。班超從間道至疏勒是也。「暫時人」，言生死在於頃刻耳。

《後漢·光武紀》：「更始將北都洛陽，以光武行司隸校尉，使前整修宮府。於是置僚寫，作文移，一如舊章。」《光武紀》：「望氣者，蘇伯阿，為王莽使，至南陽，遙望見舂陵，喟曰：『氣佳哉！鬱鬱蔥蔥。』」此以光武喻肅宗，謂舊法復睹，佳氣方新也。

喜極而翻倒者，不能自持，不敢遽信，痛定思痛，惟有「嗚咽淚沾巾」而已。

死去憑誰報，歸來始自憐。猶瞻太白雪，喜遇武功天。影靜千官裏，心蘇七校前。今朝漢社稷，新數中興年。

首聯見獨行之苦。間關憂患，在路時猶不自覺。今脫萬死，得一生。及歸，乃自憐耳。前首曰「生還」，今曰「歸來」，總以君之所在為歸也。

《辛氏三秦記》云：「太白山在武功縣南，去長安三百里，不知高幾許。俗云：『武功、太白，去天三百。』」此直言達行在也。曰「猶瞻」，曰「喜遇」，幾不知君之何在矣，而今猶幸得瞻，猶喜得遇。見太白雪、武功天，便不勝仰望瞻天之樂，更不必問長安中丹墀禁苑在於何地，即此已復見天日矣。

《漢書》：「京師有南、北軍之屯。至武帝平百越，內增七校。」《注》：「中壘、屯騎、步兵、越騎、長水、胡騎、射聲、虎賁，凡八校尉。胡騎不常置，故言七校。」借漢言唐也。「千官裏」，本熱鬧場，卻云「影靜」。「七校前」，本威武地，卻云「心蘇」。正以今日而復睹千官、七校，便覺天子威儀，中興氣象，已宛然在目，不覺影為之靜，遂有肅然不敢犯之意；心為之蘇，遂有快然得所歸之意。

李蟠庵曰：「只『影靜』、『心蘇』四字，每日跋涉擾擾，危不自保。今已至千官裏、七校前矣，豈復有流離奔竄之虞乎？此喜真未易言。」

緊接云「今朝漢社稷」，若曰不圖乃復見今朝也。「新數中興年」，猶欲至萬年之意。此祝頌祈禱、無窮遠望之詞。

月

天上秋期近，人間月影清。入河蟾不沒，搗藥兔長生。只益丹心苦，能添白髮明。干戈知滿地，休照國西營。

《酉陽雜俎》：「月中有蟾蜍，何也？月，陰也。蟾蜍，陽也。陰繫於陽也。」傅玄《擬天問》：「月中何有？白兔搗藥。」庾肩吾《望月詩》：「渡河光不澡。」即此詩「入河蟾不沒」意也。解者俱以時事串入，陋甚。

丹心已苦，白髮已明，月照之而能益其苦，添其明。公之丹心、白髮無可愬，惟月知之而已。

「干戈知滿地」，因月之遍照而知之也。月無不照，獨云「休照國西營」者，公之恨辭也。舊解云：「時官軍營於長安之西，恐征夫見月而感」，殊謬。考《通鑑》，至德二載八月，御史大夫崔光遠破賊於駱谷。光遠行軍司馬王伯倫、判官李椿將二千人，攻中渭橋，殺賊守者千人，乘勝至苑門。賊有先屯武功者，奔歸。遇於苑北，合戰，殺伯倫，擒椿，送洛陽。然自是賊不復屯武功矣。按：武功在長安西北。「國西營」，當指賊營言。若官軍陳於長安城西香積寺，乃是年九月。旋即斬賊六萬，恢復京師，何云征夫見月而感也？公意蓋謂祿山之惡，天地所不容覆載，日月所不容照臨，故今見月而歎曰：月影之清如此，雖滿地遍照，休照國西之賊營可也。語何其悲且恨！

留別嚴賈二閣老兩院補闕得聞字

黃鶴曰：「《唐志》：『垂拱二年，置左右補闕二員，掌供奉諷諫。』按：公至德二載六月十二日《薦岑參狀》，左補闕乃韋少游裴薦也。時嚴武為給事中，賈至為中書舍人。」

田園須暫往，戎馬惜離群。去還留詩別，愁多任酒醺。一秋常苦雨，今日始無雲。山路晴吹角，那堪處處聞。

《新書》：「公家寓鄜，彌年艱窶，詔許公自往視。」「戎馬惜離群」，與諸公別也。

《舊書》：是年三月癸亥大雨，至癸酉不止。此云「一秋常苦雨」，可補史之闕。

三聯紀天時之可往，預為途中自慰。末聯紀時事之難往，預為途中自悲。

晚行口號

郭思詩話以口號始於杜甫。按：梁簡文帝已有《和衛尉新渝侯巡城口號》，張說亦有《十五夜御前口號》，不始於公也。

三川不可到，歸路晚山稠。落雁浮寒水，饑烏集戍樓。市朝今日異，喪亂幾時休。遠愧梁江總，還家尚黑頭。

三川，鄜州縣名。因華池、黑水、洛水會同，故名為三川。縣乃隋置。時公家在焉。「不可到」，望家之切也。歸路皆山，又值晚行，則益覺山之稠矣。

「戍樓」，戍卒防守所樓。今落雁浮水，饑烏集樓，一路荒涼無人可知。寫出晚景，尤為淒切。

「市朝今日異」，即承上聯而言。「喪亂幾時休」，途中悲感之詞。

蔡夢弼曰：「江總，字總持。在陳掌東宮管記，與太子為長夜之飲。後主即位，授尚書令。京城陷，入隋為上開府，復歸老江南。」劉須溪曰：「人知江令自陳入隋，不知其自梁時已達官矣。自梁入陳，又自陳入隋，歸尚黑頭，其人品心事可知。」一「梁」字，不勝其愧矣。詩之妙如此，豈待罵哉？故諸解皆云：「我年已老，心念故主，足以愧梁之江總，殆諷當時有詖說苟容者。」按：此解牽強殊甚。考江總年十八解褐，年少有名。侯景之亂，避難崎嶇累年。至會稽郡，憩於龍華寺。曰「梁江總」，以總在梁遇亂尚少年也。劉須溪以總「自梁入陳，自陳入隋，歸尚黑頭」，不知總入隋，年七十餘矣。總後有《自梁南還尋草宅詩》云：「紅顏辭鞏雒，白首入軒轅」，可證。公意以吾年老跋涉，方得還家，有愧於梁江總之黑頭也。總自號曰「梁江總」，總之不忘梁也。公於江總無譏焉。

陳鶴奇曰：「語意與『遠慚勾漏令，不得問丹砂』同，言古人歸休之早而已。當老年猶麼戀於朝，以取漂泊之苦，所以為愧也，亦即『同學少年皆不賤』之感。」

獨酌成詩

燈花何太喜，酒綠正相親。醉裏從為客，詩成覺有神。兵戈猶在眼，儒術豈謀身。苦被微官縛，低頭愧野人。

此往鄜州省家時作也。前云「三川不可到」，此必將到家矣，故燈花為報喜也。

「醉裏從為客」，深言為客之苦。客況不堪醒，只醉裏可從為之，此語憶

家之至。公詩：「讀書破萬卷，下筆如有神。」趙汸曰：「『醉裏從為客』，以往事言，恍惚自悼。詩成覺有神，以詩思言，悠然自娛。」東坡詩：「夢裏似曾遷海外，醉中不覺到江南。卻舉酒杯疑是夢，試拈詩筆已如神。」皆出於此。

兵戈之際，無所用儒術。曰「豈謀身」，言非可以圖富貴也。

時公已授拾遺，故曰「苦被微官縛」。「低頭」者，俯仰於人也。前詩結句以古人歸休之早為愧，此結以野人無所拘束為愧，總是急欲歸家意。

收京三首

至德二載正月，上在彭原，安慶緒弒祿山而自立。二月，幸鳳翔。史思明自博陵，蔡希德自太行，高秀岩自大同，牛廷介自范陽，引兵十萬，寇太原，李光弼大破之。永王璘敗死。五月，郭子儀敗於清渠，退保武功。房琯罷，張鎬同平章事。八月，鎬出兼河南節度等使。九月，廣平王俶統朔方、安西、回紇兵，收西京。十月，慶緒奔河北，廣平王收東京，上皇詔定行期。李泌乞歸衡山。上自鳳翔還京，公以左拾遺扈從。十一月，上御丹鳳樓，下制。十二月，上皇至自蜀，居興慶宮，大封蜀郡靈武元從功臣。

仙仗離丹極，妖星帶舊本作「照」**玉除。須為下殿走，不可好樓居。**一云「得非群盜起，難作九重居。」**暫居汾陽駕，聊飛燕將書。依然七廟略，更與萬方初。**

「仙仗」，天子儀衛也。《安祿山事蹟》：「祿山始生之夜，赤光旁照，群獸四鳴。望氣者見妖星芒熾，落其穹廬，帶纏繞之義。言玄宗離丹陛而幸蜀，緣祿山擾之也。」

梁武帝大通中，謠曰：「熒惑入南斗，天子下殿走。」《漢武紀》：「公孫卿曰：『仙人可見，但仙人好樓居。』於是上令長安作蜚廉桂觀，甘泉作延壽觀。」玄宗好仙，故以為喻。錢牧齋曰：「《連昌宮詞》：『上皇正在望仙樓，太真同憑欄干立。』又，興慶宮西曰花萼相輝之樓，東曰勤政務本之樓，帝時時登之。」「須為下殿走」，為天子解嘲也，言其勢不得不避也。「不可好樓居」，謂此時不宜耽望仙樓之勝矣。

《莊子》：「堯治天下之民，平四海之政，往見四子藐姑射之山、汾水之陽，窅然喪其天下焉。」此謂玄宗暫屈汾陽駕耳，不久仍歸也。《安祿山事蹟》：「哥舒翰至雒陽，祿山令以書招李光弼等，諸將報至，皆讓翰不死節。祿山知事不遂，閉翰於苑中而害之。」「聊飛燕將書」，蓋指此事。曰「聊飛」者，見

其謀之無成也。此本牧齋先生解。邵二泉曰：「比收賊將意。」然無考據，說終未明。

舊注：兵謀謂之廟略，蓋謀於七廟之中也。又言：今日收復京師，非由謀臣之略，皆藉廟謨，故得與萬方更新政令云耳。解俱不合詩意。公意蓋謂兩京既復，七廟依然，略亦偉矣，故得更示萬方以新政也。「更」字作去聲讀。

按：此詩全在逐句虛字，為通首聯絡。首言「仙仗離丹極」者，由「妖星帶玉除」也。「離」字、「帶」字，自相呼應。緊接云：「須為下殿走，不可好樓居。」雖下殿而走，亦不得不然，不可好耽逸而不走也。又緊接云：此特暫時之事，故在天子也，暫屈駕而幸蜀；在祿山也，聊飛書而無成。又緊接云：今已依然七廟之中，告成略矣，更示萬方以初政矣。通首總見收京之不需時，喜幸之詞也。

生意甘衰白，天涯正寂寥。忽聞哀痛詔，又下聖明朝。羽翼懷商老，文思憶帝堯。叨逢罪己日，沾酒望青霄。

嵇康《養生論》：「積損成衰，從衰得白，從白得老。」此「衰白」二字來處。公已自甘衰白，寥落天涯，豈復有青霄之望？首聯直喚起末句。趙汸曰：「『甘』字、『正』字、『忽』字、『又』字自相起伏，有出自望外意。」

「哀痛詔」，乃肅宗二載十一月丹鳳樓所下之制也。天寶十五載八月，上皇御蜀，宣詔，赦天下。既聞玄宗之詔，又聞肅宗之制，故曰「又下」。

「羽翼懷商老」，指李泌言。因肅宗汲汲御丹鳳樓下制，李泌有言：「後代何以辨陛下靈武即位之意？」又每言「家事當俟上皇」，又為群臣草表，致上皇東歸。泌能調護兩宮，故以商老喻之。「文思憶帝堯」，謂玄宗禪位，猶堯禪舜也。

《左傳》：「禹、湯罪己，其興也勃焉。」「罪己日」，指肅宗言。是詩公扈從後作也，傷弓之鳥，不無驚魂未定之意，故叨逢罪己之日，益切霑灑之望，幸復見收錄，得仰瞻青霄，不覺家國之感，百端交集，涕泗不能自已也。諸注謂公在鄜時作。按：公在鄜是八月，扈從是十月，肅宗下制是十一月，豈公先聞有哀痛詔之下耶？

汗馬收宮闕，春城鏟賊濠。賞應歌杕杜，歸及薦櫻桃。雜虜橫戈數，功臣甲第高。萬方頻送喜，無乃聖躬勞。

「汗馬收宮闕」，即廣平王統回紇、西域之眾收西京是也。京既收，則賊濠盡鏟矣。「春城」字不必泥。公詩春城秦城，相疑處甚多也。

《杕杜》，《小雅》篇名，周王歌以勞還役者。《月令》：「仲春之月，天子乃羞以含桃，先薦寢廟。」九月收京，而曰「歸及薦櫻桃」，謂及來春，可仍行薦廟之禮也。黃鶴曰：「乾元元年四月，九廟成，迎神主入新廟。甲寅，上親享九廟。」此是乾元元年作，與前二首非同時，真固於說詩者矣。此不過言收京之後，功臣應賞，宗廟應薦。看「應」字、「及」字皆虛擬之詞，何必拘泥實事。

「橫戈數」，言回紇、西域諸眾因借兵而逞驕也。《長安志》：「天寶中，京師堂寢已極宏麗，而第宅未甚逾制。安史二逆之後，大臣宿將競崇棟宇，無有界限，人謂之木妖。」《楊盈川碑》曰：「單于未滅，甲第何高。」甲第，猶甲乙之甲，謂第一等第宅也。

公意蓋謂宮闕已收矣，賊濠已鏟矣，賞者應賞，薦者應薦，但慮借兵回紇、西域諸眾，不無橫戈驕逞、邀恩數賞之意，又慮諸將恃功，不無淫奢無度、橫行京師之意，故不敢直言而婉辭以慰之，曰今日者，萬方共知京師已收，無不為天子道喜者，特恐聖躬應接不暇，因致勞頓耳。即《詩》「大夫速退，無使君勞」意也。

聖躬何以勞？外寇數數邀賞則勞，功臣求恩無已則勞。此雖至喜之日，實勞躬之日也。藹然忠愛，非公不能為此語。諸解云：此聖主之勳勞，人臣不宜貪天功以為己力。謬甚。

合觀三首，玄、肅之間寓意甚深，惟第一首最多難解。如「暫屈汾陽駕，聊飛燕將書」，終無確論。細考史傳，此詩上四句指玄宗事，下四句則言肅宗中興之略也。「暫屈汾陽駕」，不指玄宗避狄而言。若指玄宗，則與上「離丹極」、「下殿走」不幾重複乎？史稱李泌常遊嵩、華、鍾南山間，慕神仙不死術。天寶中，詣闕，待詔翰林，仍供奉東宮，皇太子遇之厚。嘗賦詩譏誚安祿山、楊國忠等，國忠疾之，詔斥置蘄春郡。肅宗即位靈武，物色求訪，會泌亦自至，已謁見，陳天下所以成敗事，帝悅，欲授以官，固辭，願以客從，入議國事，出陪輿輦。帝嘗曰：「卿侍上皇，中為朕師。」因問破賊日期，泌獻先取范陽之策，云：「不出二年，無寇矣。」故借用《莊子》姑射山事。曰「暫屈汾陽駕」者，望其以餐霞服氣之身出謀軍國大事也。當時惟帷幄秘策皆資於泌，實為中興第一要人，第一奇略。然泌以至德八月見帝，二載遂乞歸衡山，則屈賓師之駕特暫耳。汾水之陽，所謂「肌膚若冰雪，綽約若處子」者，非泌誰足以當之？故次首「羽翼懷商老」，即指泌言。汾水之陽，商山之老，同一

義也。軍中有衣黃聖人、衣白山人之目，直與天子並駕而馳，何不可云屈駕？
此見肅宗能用異人之略。「聊飛燕將書」，謂指哥舒翰為祿山貽書諸將。解本牧
齋先生。按：田單復齊，故魯連為發聊城一矢。今哥舒翰背主從賊，招眾同
畔，似非可以魯連為比。且以燕將比諸將，亦屬不倫。考至德二載，史思明斬
安慶緒將安守忠李立節，李光弼聞其事，因遣人招之。前此烏承恩已歸國，帝
遣承恩諭思明，遂奉十三郡兵八萬籍歸於朝。於是高秀岩以河東自歸，詔封思
明為歸義郡王。然思明外順命，內實通賊，光弼欲陰圖之，後事泄。又因陳希
烈之誅，遂復反。所云「聊飛燕將書」，當指光弼招思明而言。當時使思明不
再反，則河北已定，此實制勝要略。但思明狼子野心，終不可化誨，故曰「聊
飛」，言事雖未終有成，然招攜納叛，開其自新之路，以殺群賊之勢，亦奇略
也。「燕將」二字，正指史思明言，方為確切。此見肅宗能收賊將之略。舊注
亦云：比收賊將。然未實據此事，亦終於不可解耳。合上二句，皆七廟之略。
其能更新萬方正以此，更俟博雅參之。

晚出左掖

乾元元年，公在左省。

**畫刻傳呼淺，春旗簇仗齊。退朝花底散，歸院柳邊迷。樓雪融城濕，
宮雲去殿低。避人焚諫草，騎馬欲雞棲。**

陸倕《新漏刻銘》曰：「衛宏載傳呼之節，較而未詳。」注：衛宏著《漢
儀》，使夜漏起，宮衛傳呼以為備也。《千家注》：「『傳呼淺』，謂傳呼在畫，不
若夜之遠也。」庾信《馬射賦》：「落花與芝蓋同飛，楊柳共春旗一色。」此因
晚出掖門而賦其事。天子臨朝，傳呼漏刻。「淺」者，畫將盡也。旗仗簇齊，
言臨朝之景，點出「春」字，為下「花」、「柳」起意。

唐殿廷皆植花柳。「退朝」、「歸院」，泛指諸臣言。《雍錄》：「宣政殿下有
東西兩省，別有中書門下外省，又在承天門外。兩省官，亦分左右，各為廨
舍。」曰「散」、曰「歸」，分班而出，東西各歸其廨也。曰「散」、曰「迷」，
寫出春天晚景。

「雪融」，則春已深。「雲去」，則春又霽。本謂雪融而城樓濕，雲去而宮
殿低。折而倒裝，更見雅健。上三字，下二字，句法。中二聯所言景物皆應
「春」字。

《晉・羊祜傳》：「嘉謀讜議，皆焚其草，故世莫聞。」劉須溪曰，焚諫草

者，不欲人知，然使人見其焚，是猶欲人知也，焚且避人，正是點破古事愚謂此直言焚諫草避人聞知。不欲邀名耳。正用羊祜事劉說非也。公為拾遺。故云。末句公自言騎馬出左掖之時。乃日將夕也。與退朝歸院。泛言諸臣有別。

《通鑑》：「宰相午後六刻乃出。杜甫奏：今太平無事，巳時即還第，軍國機務皆決於私家。」觀此詩，不惟至午，且至於雞棲。雖曰時丁多事，自應如此，亦使裴冕、苗晉卿輩知所監懲也。

春宿左省

公為左拾遺，屬門下省。門下省在東，故曰「左省」。

花隱掖垣暮，啾啾棲鳥過。星臨萬戶動，月傍九霄多。不寢聽金鑰，因風想玉珂。明朝有封事，數問夜如何。

宮、省皆植花。曰「花隱」，則掖垣暮矣。啾啾之鳥，已過而棲矣。由「花隱」以至「鳥棲」，則漸暮由鳥棲以至，星動、月多則愈暮矣。此四句言宿省之景。乃未寢時所見者也。

漢武帝起建章宮，有千門萬戶。萬戶指宮中，言此時萬戶皆靜。而星之光能動之，為星字寫出精彩。何地無月？傍九宵何以偏多？此日月照臨所在也。胡遁叟曰：「『動』字猶易下，『多』字難下。」

《唐志》：「補闕、拾遺，掌供奉諷諫，大事廷諍，小則上封事。」後四句乃既寢時所思者也。不寢而聽金門之鎖鑰，因風而想朝馬之鳴珂，至數問夜之如何，其憂君愛國之意展轉於中，視岑參所云「自覺諫書稀」者，為不侔矣。

前詩惟首尾見晚，中皆承春字言。此詩惟首句見春，下皆承暮字言。

奉陪鄭駙馬韋曲二首

鄭駙馬名潛曜。《雍錄》：「韋曲，在明德門外，韋后家在此。蓋皇子陂之西，所謂城南韋杜者也。」《遊城南記》：「覽韓鄭郊居，至韋曲。」注云：「韋曲，在韓鄭莊之北，逍遙公讀書臺猶存。」《通志》：「韋曲，在樊川，唐韋安石之別業。」

韋曲花無賴，家家惱殺人。淥樽須盡日，白髮好禁春。石角鉤衣破，藤枝刺眼新。何時占叢竹，頭戴小烏巾。

韋曲，本貴遊之地。其花至於無賴惱人，則花之繁盛可知。愛花之極，反覺花多可惱，此善形容花勝者。

「淥」，美酒也。「須盡日」，留連不忍去也。以老人視少年，則歷春光倍

多，故曰「好禁春」。李易安詞「能禁幾個黃昏」，與此當參看。趙汸曰：「此謂盡日飲酒，而老人與少年不同。『好禁春』者，不流宕之意。」

「石角」、「藤枝」，點綴韋曲之景。此中便有幽趣，不是一味繁花矣。公欲於從竹之處，占勝幽居，須知繁華惱人，不似幽竹之足樂也。厭富貴而甘貧賤，公實有肆志之意焉，故願戴野人巾以老也。一首中兩意轉折，莫混混看過。

野寺垂楊裏，春畦亂水間。美花多映竹，好鳥不歸山。城郭終何事，風塵豈駐顏。誰能共公子，薄暮欲俱還。

前四句賦韋曲景物之佳。「好鳥不歸山」，言鳥亦耽花柳之勝，未肯還山也。因思奔走城郭風塵之中，既不能有所為以展其素志，又容顏易老，不復能駐而留之，不如隱居韋曲之勝，得與花鳥相依也。

「誰能」，猶言豈肯也。「公子」，即指駙馬輩言。「欲俱還」，不欲還也。公子之還，仍還於城郭風塵中耳。

趙汸曰：「『終』字、『豈』字、『誰能』字，皆用虛字幹旋法。言平日在朝市間，曾無所成，坐老歲月，故留連韋曲之勝，至不欲與公子俱還也。此公為左拾遺時，不得行其志而然耳。如『細推物理須行樂』、『每日江頭盡醉歸』、『苑外江頭坐不歸』，皆一時之作，意蓋可見。」

奉答岑參補闕見贈

參試大理評事，攝監察御史，公同左右拾遺裴薦、孟昌浩等薦參識度清遠，議論雅正，時輩所仰，宜充近侍。當是薦後除參補闕，故贈公以詩。詩云：「聯步趨丹陛，分曹限紫微。曉隨天仗入，暮惹御香歸。白髮悲花落，青雲羨鳥飛。聖朝無闕事，自覺諫書稀。」公以詩答贈。

窈窕清禁闥，罷朝歸不同。君隨丞相後，我往。 一作「住」。**日華東。冉冉柳枝碧，娟娟花蕊紅。故人得佳句，獨贈白頭翁。**

《雍錄》：「《唐六典》：『宣政殿前有兩廡，兩廡各有門。其東曰日華。日華之東，則門下省也。居殿廡之左，故曰左省。西廊有門曰月華。月華之西，即中書省也。凡兩省官擊銜以左右者，皆分屬焉。』」「罷朝歸不同」，言分東西班，各歸本省也。岑為補闕，屬中書省，居右署。公為拾遺，屬門下省，居左署。此所以「歸不同」也。

曰「君隨丞相後」，蓋宰相罷朝，由月華門出，而入中書。凡西省官亦隨

丞相出西也。若左省仍自東出，故云「我往日華東」。趙傁曰：「唐宰相於門下省議事，謂之政事堂。裴炎為中書令，乃徙政事堂於中書省。」

柳碧花紅，即景為賦。殿庭所植，皆花柳也。結聯，謝其贈詩。

奉贈嚴八閣老

即嚴武也。至德初，房琯薦為給事中。按：李肇《國史補》：「宰相相呼為堂老，兩省相呼為閣老。」公時為左拾遺，與武正聯兩省也。

扈聖登黃閣，明公獨妙年。蛟龍得雲雨，雕鶚在秋天。客禮容疏放，官曹可接聯。新詩句句好，應任老夫傳。

扈，後從也。《通鑒》：「王涯謂給事中鄭肅、韓佽曰：『二閣老不用封敕。』」此唐人稱給事中為閣老也。《宋志》：「三公黃閣，前史無其義。」按：《禮記》曰：「士韠與天子同，公侯大夫則異。」鄭玄《注》云：「士賤，與君同，不嫌也。」夫朱門洞啟，當陽之正色也。三公之與天子禮秩相亞，故黃其閣以示嫌，不敢斥天子。疑是漢舊制也。《緗素雜記》、《漢舊儀》曰：「丞相廳事門曰黃閣。」又，《王瑩傳》云：「既為公，須開黃閣。」張敬兒謂其妻嫂「我拜後府開黃閣」是也。然則給事中何以得稱黃閣？黃鶴曰：「給事中屬門下省，其長曰侍中，與中書令參總，而顓判省事，即宰相也。給事掌分判省事，故得同登黃閣。」武弱冠以門蔭策名，至德初，仗節赴行在，房琯首薦，累遷給事中。既收長安，為京兆少尹，兼御史中丞。〔註2〕三十二。曰「獨妙年」，公深羨之之詞。

《吳志·周瑜傳》：「上孫權疏曰：『劉備以驍雄之姿，得關、張為之輔，蛟龍得雲雨，終非池中物。』」秋天，鷙鳥搏擊之時也。「在秋天」，言得時也。

周元亮曰：「給事中屬門下省。開元間曰黃門省，故稱黃閣。」左拾遺亦東省之屬，故曰「官曹可接聯」。公性疏放，雖屬官曹，而嚴每以客禮優之。

武父挺之，與公友善。公乃武之父執，故稱武曰「獨妙年」，自稱為「老夫」。且喜官聯兩省，互相唱和。武以獨妙之年，新詩句句都好，公安得不樂為傳誦？

送賈閣老出汝州

《舊書》：「故事：舍人年深者，謂之閣老。」賈至為中書舍人。中書省在

〔註 2〕 此處空兩格。

西掖，公在左掖。

西掖梧桐樹，空留一院陰。艱難歸故里，去住損春心。宮殿青門隔，雲山紫邏深。人生五馬貴，莫受二毛侵。

「西掖」，中書省，在月華門西。賈既去，止梧桐陰在耳。深惜其去也。

至父曾，河南洛陽人。汝州，唐屬河南道，又與河南為鄰，故曰「歸故里」。「艱難」，猶言跋涉也。「去」者，指賈。「住」者，公自言。當春別離，各傷心也。

「青門」，長安城東門。賈離西掖，則與長安隔矣。紫邏山，在汝州。

《潘子真詩話》：「禮，天子六馬，左右驂。三公九卿駟馬，右騑。漢制，九卿，則中二千石亦右驂，太守駟馬而已。其有加秩中二千石，乃右驂。故以五馬為太守美稱。」《遯齋閒覽》及《學林》云：「漢時朝臣出使為太守，增一馬。」《丹楊集》：「昔人用五馬事，多因遊邀動出方用之。如杜云『二天開龍錢，五馬爛生光』，則兩刺史賓主出住分矣。近人於太守安居閉閣，動稱五馬，恐未安也。」前俱惜別之辭，末聯又深慰之。時賈以中書舍人出守汝州也。

錢牧齋曰：「賈本傳不載出守之故。杜有《別賈嚴二閣老》及《寄岳州兩閣老》詩，知其為房琯黨也。琯與武尚未貶，而先出至者，以玄宗幸普安郡，制置天下之詔，房官建議而至實當制。琯將貶，故先去至也。後岳州之謫，亦本於此。公詩有『艱難』、『去住』之句，情見乎詞矣。」

按：《紀》，乾元二年，九節度師潰於汝州，刺史賈至奔於襄、鄧。而《傳》不書，隱之也。黃鶴曰：「《至傳》不書出汝州，而書出蒲州，亦史失之。」

奉贈王中允維

維，字摩詰，累遷給事中。祿山反，維以扈從不及，為賊所得，遂陷長安。祿山素憐之，遣人迎置雒陽，拘於普施寺，迫授偽署。維服藥取痢，偽稱瘖疾。祿山大宴凝碧池，悉召梨園諸工，樂工皆泣。維聞甚悲，作詩痛悼。賊平，陷賊官六等定罪，維以凝碧詩聞於行在，肅宗特宥之，下遷太子中允。《唐志》：「左春坊中允二人，掌侍從贊相，駁正啟奏。」

中允聲名久，如今契闊深。共傳收庾信，不比得陳琳。一病緣明主，三年獨此心。窮愁應有作，試誦白頭吟。

毛《傳》：「契闊，勤苦也。」言維久負聲名，艱難陷賊，勤苦獨深也。舊解謂與公闊別，殊謬。

《梁書》：侯景作亂，臺城陷。梁簡文帝使庾信率宮中文武千餘人，營於朱雀航。及景至，信以眾奔江陵。梁元帝承制，除信御史中丞。後留長安，作《哀江南賦》。喻維初迫脅偽職，後肅宗宥之，特授中允也。《魏志》：陳琳避難冀州，袁紹初使典文章。作檄，以告劉備，言曹公失德，不堪依附。又議曹公父子。後紹敗，曹公得琳，愛其才，不之責。喻維在賊中作詩痛悼，異乎曹公之得陳琳也。

「一病緣明主」，言維偽稱瘖疾也。自至德元載陷賊中，至今已三年，其心不變，故曰「三年獨此心」。舊注謂公自言肺病，殊謬。

虞卿窮愁著書。「應有作」，即指維作詩痛悼言。卓文君《白頭吟》云：「願得一心人，白頭不相離。」言維三年不忘君之心未嘗有二，姑以《白頭吟》喻其不改節也。

錢牧齋曰：「『共傳收庾信』，以侯景比祿山，以子山比中允也。玄宗謂肅宗曰：『張均兄弟皆與逆賊作權要官。就中張均，更與賊毀三哥阿奴家事。』當時從逆諸臣謗訕朝廷，如陳琳之為袁紹罪曹公者多矣。維獨痛憤賦詩，聞於行在，故曰『不比得陳琳』也。維一病三年，不當復責，授中允。落句譏肅宗之失刑也。」

送翰林張司馬南海勒碑

公自注：「相國制文。」考翰林無司馬，玄宗置翰林院，延文章之士，下至僧道、書畫、琴棋、術數之流皆處於此，謂之待詔。今云「勒碑」，則張司馬殆鐫工之良者。黃鶴曰：「按《南詔傳》：玄宗詔何履光以兵定南詔境，立馬援銅柱乃還。蓋在天寶七載，恐是此時往勒碑。然此詩舊次在此，應是公為拾遺時送張司馬也。」

冠冕通南極，文章落上臺。詔從三殿去，碑到百蠻開。野館濃花發，春帆細雨來。不知滄海上，天遣幾時回。

「冠冕」，指張司馬言。「南極」，乃極南之地，從未與冠冕通。今司馬去，而冠冕始通南極也。碑文乃相國所製。三臺以此三公，上臺為宰相。「落」者，自上臺而落筆也。

《南部新書》：「大明宮中麟德殿，一殿而有三面，故以三殿為名，亦曰三院。」李肇《翰林志》：「翰林院在麟德殿西廂重廊之後，門東向。白樂天為翰林學士，有詩云『三殿角頭宵直入』是也。」「詔從三殿去」，謂詔自翰林院，

經麟德殿而去也。碑到而百蠻之地俱開，謂百蠻始見冠冕，始知文字也。舊注到百蠻而開詔，非。

龔芝麓曰：「首言『通南極』，即貫『百蠻開』之意。次言『落上臺』，即黏『三殿去』之詞。冠冕自上而連遐荒，即詔從三殿而到百蠻也。次第可觀。」

「野館」、「春帆」，路途之景。驛程旅館，又喜又悲。郝仲輿曰：「皇華載道，水陸舟車，『野館』、『春帆』二語曲盡。」

《十洲記》：「滄海島在北海口，水皆蒼色。」末聯極言其遠，速冀其回也。

哭長孫侍御

《文苑辯證》云：「杜誦哭長孫侍御詩，今載杜甫集中。按：《中興間氣集》、《又玄集》、《唐宋類詩》皆云杜誦。高仲武當唐中興，肅宗時編《間氣集》，載誦詩止此一首，又云：『杜君詩平調不失，如『流水生涯盡，浮雲世事空』，得生人始終之理。』故編之必不誤。今編公集，各本俱載，不知何據。」〔註3〕

黃鶴曰：「周置御史，掌邦國都鄙及萬民之治令，以贊蒙宰。漢因置十五員，唐四人。按：公有《送長孫九侍御赴武威判官》詩，此詩不言判官事，豈得武威之命未到而死耶？」

道為詩書重，名因賦頌雄。禮闈曾擢桂，憲府舊秉驄。流水生涯盡，浮雲世事空。惟餘舊臺栢，蕭瑟九原中。

首二語起得莊重。道既重，名復雄，則侍御之品望可知。

「禮闈」，禮部所設以取士也。晉郤詵對武帝云：「臣舉賢良對策，為天下第一，猶桂林一枝。」御史所居之署，漢謂之御史府，亦謂憲臺。唐龍朔中，為東宮憲府。「驄馬」，御史所乘也。唐初，考功試進士。開元二十四年，徙禮部，以春官侍郎主之。則長孫擢第在開元二十四年之後。

生涯付於流水，世事空如浮雲，倒裝句法。

《漢・朱博傳》：「御史府中列栢樹，常有野鳥數千，棲宿其上。」黃鶴曰：「御史臺，侍御史廳前有兩栢。總章中，李元同、張仁禕為侍御史所植也。」《檀弓注》：「卿大夫之墓地在九原。」

〔註3〕吳曾《能改齋漫錄》卷五《又玄集載杜甫杜誦詩》：「唐人有《又玄集》三卷，杜甫七首，杜誦一首，各在上卷。其杜誦一首，乃是《哭長孫侍御》『道為詩書重，名因賦頌雄』者，今子美集亦有此詩，恐是編者之誤。然誦名不顯，不知孰是。第四句『憲府舊乘驄』，《又玄集》以『舊』作『近』。」

按：此詩首句言其道之高。誦詩讀書，詩書中人也。而能為道重，則非徒呫嗶者。次句言其名之重。能賦能頌，詞林中人也。而名已極雄，則非負虛聲者。三言其擢第，則桂林一枝。四言其為官，則乘驄見憚。由道高而名重，由名重而擢第，由擢第而為顯官，已將長孫侍御一生行狀盡於四句中寫出。後四句只哀挽而已，前四句為墓銘，後四句為挽詞，格法不苟。

贈畢四曜

才大今詩伯，家貧苦宦卑。飢寒奴僕賤，顏狀老翁為。同調嗟誰惜，論文笑自知。流傳江鮑體，相顧免無兒。

《玉臺後集》有曜詩二首。「詩伯」，宗師之稱也。

公在秦州，有《賀畢曜除監察》詩，云：「與之有故，遠喜遷官。」乃乾元二年也。今云「宦卑」，是未遷官時。

「顏狀老翁為」，顏狀之不能自掩也。觀一「為」字，老翁之狀已自做出，憐之惜之。洪容齋曰：「王延壽《王孫賦》載於《古文苑》，其辭有云：『顏狀類乎老翁，軀體似乎小兒。』謂猴也。乃知杜詩『顏狀老翁為』，蓋出諸此。」

謝靈運詩：「誰謂古今殊，異代可同調。」公自言與曜才調相同，畢詩必有可觀者。又云：「論文笑自知。」明當時之人不能知也。只一「笑」字，將論文時意態精神皆為畫出。

《詩品》：「江文通詩體總雜，善於摹擬，筋力與王微，成就於謝朓、鮑參軍詩，其源出於二張，善製形狀。寫物之詞，貴尚巧似，不避危仄。」唐中宗曰：「蘇瓌有子，李嶠無兒。」公與曜皆有子傳其詩，庶免「無兒」之慨。

酬孟雲卿

袁郊《甘澤謠》：「陶峴，彭澤子孫也。開元間，宅崑山，豐田疇。遊江湖，製三舟。一自載，二賓客，三飲饌。與進士孟彥深、樊口進士孟雲卿、布衣焦遂，各置僕妾共載。而峴有女樂一部，奏清商曲於江湖中，時號水仙。」按：公集有《解悶》詩：「孟子論文更不疑。」自注云：「校書郎孟雲卿。」又有《湖城遇孟雲卿》詩。黃鶴曰：「當是乾元元年六月出為華州司功，將行時作也。」

樂極傷頭白，更深愛燭紅。相逢難袞袞，告別莫匆匆。但恐天河落，寧辭酒盞空。明朝牽世務，揮灑各西東。

好友聚首則樂，別離則傷。既傷頭白，又愛燭紅，總是不忍別離之意。

「衰衰」，相續不絕也。《晉書》：「張華讀書，衰衰可聽。」惟相會難繼，故於告別之際，極其流連。

「天河落」，則天將曉，此惟恐其曉也。「寧辭酒盞空」，頻飲頻空，雖天曉亦不辭也。

夜則無事，可以把酒論文。至明朝而世務各牽矣，西東各別，不覺淚揮。

端午日賜衣

宮衣亦有名，端午被恩榮。細葛含風軟，香羅疊雪輕。自天題處濕，當暑著來清。意內稱長短，終身荷聖情。

時公在諫省，故得與賜衣之列。「亦有名」，謂亦有公名也。「細葛」、「香羅」，俱所賜之衣。軟如含風，輕如疊雪。葛、羅一經摹寫，便只應天上有，不比人間物矣。

衣上有題，即題其名也。出自天賜，題處尚濕，見其賜之新。今日受賜，當暑而始著，不敢輕著也。吳曾《漫錄》云：「杜詩『自天題處濕』，蓋本孔稺圭表云『斷自天筆。』」

「意內」，公意內也。意欲其長恰長，意欲其短恰短，總見恰適之至。服之終身，不忘聖恩也。公是年六月出為華州司功。

至德二載甫自京金光門出間道歸鳳翔乾元初從左拾遺移華州掾與親故別因出此門有悲往事

此道昔歸順，西郊胡正煩。至今猶破膽，應有未招魂。近得歸京邑，移官豈至尊。無才日衰老，駐馬望千門。

《長安志》：「唐京師外郭城西面三門，北曰明遠門，中曰金光門，西出趨昆明池，南曰延平門。」「此道」，即間道。自間道奔行在，所謂「歸順」也，言得其正也。時公從西郊出，值胡賊正煩。金光門，蓋西面三門之一也。

惟郊騎煩，故為之破膽，至魂喪而不能歸。《楚詞·招魂》云：「魂兮歸來，入脩門些。」公經年之後，再出國都之門，痛定思痛，猶有未招之魂。比《招魂》之言，尤可傷矣。

公上疏救房琯，詔三司推問，以張鎬力救，敕放就列。至次年，與房琯、嚴武俱貶，坐琯黨也。此公事君交友生平出處之大節。曰「移官豈至尊」，不敢歸怨於君也。當時邪毀，不言自見。「無才日衰老」，即「不才明主棄」意，

並不敢歸怨於邪毀之人，而以無才自居，更見深厚。漢武建章宮有千門萬戶。駐馬千門，曷勝戀主之情。

畢致中曰：「王維詩：『執政方持法，明君無此心』，即『移官豈至尊』意。然含蓄渾成，老杜為優。此詩有介子從龍之感，而辭意歸於厚，所謂『可以怨』者也。」

寄高三十五詹事適

安穩高詹事，兵戈久索居。時來如一作「知」宦達，歲晚莫情疏。天上多鴻雁，池一作「河」。中足鯉魚。相看過半百，不寄一行書。

至德二載，適節度淮南。兵罷，李輔國惡於上前，左授太子少詹事。適有《酬崔員外》詩云：「小人胡不仁，譖我成死灰。賴得日月明，照耀無不該。留司洛陽宮，詹府惟蒿萊。」曰「安穩高詹事」，言詹事之官無所事事，可閉戶而安坐也。自至德二載左授詹事，至乾元元年，亦已歲餘矣，故曰「兵戈久索居」。「索居」，正其安穩處。舊注謂適身高位遠，公自悲索居，謬。

李密《陳情表》：「臣本圖宦達。」「時來如宦達」，婉辭以慰之也。謂雖左授，實可安坐以待時，時來則宦達矣。「歲晚莫情疏」，公與高歲寒交也。「莫」字與上句「如」字相應，言今雖索居，如其宦達，莫更情疏也。即起下四句。

吳曾曰：「『池中』，顧陶本作『河』，似不及河也。」雁帛、魚書，非無相寄之便。曰多曰足，益見寄書之易。惟適情疏於公，故不寄一行書也。公詩云：「故知貧病人應棄，能使韋郎跡也疏」，即是此意。按：此詩乃公移華州時所作。華州去長安八十里耳。公寄此詩，譏高也。前四句婉言，後四句直言。

路逢襄陽楊少府入城戲呈楊四員外綰

《舊唐書》：「楊綰，字公權，華州華陰人。肅宗即位，綰以右拾遺自賊中冒難赴行在，除起居舍人，知制誥，歷司勳員外郎。」《新書》不言為員外。公自注：「甫赴華州日，許寄員外茯苓。」

寄語楊員外，山寒少茯苓。歸來稍暄暖，當為劚青冥。翻動神仙窟，封題鳥獸形。兼將老藤杖，扶汝醉初醒。

題曰「路逢」，此詩乃路寄也。「歸來」，公自言歸華州也。《史記·龜策傳》：「下有茯苓，上有兔絲。所謂茯苓者，在兔絲之下，狀似飛鳥之形。新雨已，天清靜無風，以夜捎兔孫去之，即以燭記其處，明日掘取，入四尺，至七

尺，得矣。」

「青冥」，即所云「天清靜無風」時也。「斸」，刺地也。郭璞《注》：「斸，鋤類。」華山，神仙所居。《本草》云：「茯苓似鳥獸之形者良。」即所云「狀似飛鳥之形」也。「封題」，言掘取而得，即封題以寄也。

結語擺開說。藤杖雖未許寄，乃山中所有者，兼以寄汝，更見相念之切。不曰扶老而曰扶醉，楊其醉翁之徒與？

觀安西兵過赴關中待命二首

愚考《舊書》，肅宗在靈武詔李嗣業赴行在，嗣業自安西統眾，萬里威令肅然，所過郡縣，秋毫不犯。至鳳翔謁見。上曰：「今日得卿，勝數萬眾。」此當是公赴行在時，觀其兵過。至德元載冬作也。舊編俱誤，止是不讀史耳。今姑仍於此。

四鎮富精銳，摧鋒皆絕倫。還聞獻士卒，足以靜風塵。老馬夜知道，蒼鷹饑著人。臨危經久戰，用意始如神。

《舊史・地理志》：「安西節度撫寧西域，統龜茲、于闐、焉耆、疎勒四國，謂之四鎮。」李嗣業統四鎮之兵，其精銳皆足以摧敵人之鋒，故有「絕倫」之稱。

「還聞」，公所聞也。嗣業有討賊之志，先赴關中待命，是自獻其士卒也。此其志已足靜風塵矣。

《韓非子》：「管仲從齊桓公伐孤竹，迷惑失道。管仲放老馬而隨之，遂得道行。」「老馬」，指嗣業言，謂其能識道，堪為領袖也。《晉・載記》：「慕容垂猶鷹也，饑則附人，飽則飛去。」「饑鷹」，亦借喻嗣業。嗣業欲自效用，如饑鷹不能自持。其飛揚搏擊之氣，未戰而先足奪人矣。

不曰臨敵而曰「臨危」，從危處更見其奇。不徒曰戰而曰「久戰」，從「久」處更見其勇。蓋其用意之妙，素練於胸中，不臨危，不久戰，亦未顯其所用，到此而始見其「如神」也。

奇兵不在眾，萬馬救中原。談笑無河北，心肝奉至尊。孤雲隨殺氣，飛鳥避轅門。竟日留歡樂，城池未覺喧。

安西都護府治所在龜茲國城內，管戎兵二萬四千人、馬二千七百匹。嗣業統兵不多，故云「奇兵不在眾，萬馬救中原。」

祿山之叛，河北一帶俱已陷沒。嗣業可以談笑而取之，緣其心肝能披瀝而

奉至尊故也。

題是「觀安西兵過」，下四句正觀其過也。「轅門」，以車為軍門。孤雲隨殺氣而飛，其兵威亦凜冽矣。乃兵屯嚴肅，雖飛鳥亦不敢過，此見其行兵部伍之嚴。

竟日歡飲，所過之城池不覺其喧，言其與民相忘，秋毫無犯，故所過之地樂為聚觀也。如此從容歡樂，乃見待命意。

獨立

黃鶴曰：「乾元二年華州作。」

空外一鷙鳥，河間雙白鷗。飄颻搏擊便，容易往來遊。草露亦多濕，蛛絲仍未收。天機近人事，獨立萬端憂。

此公初遭貶華州作也。雖或獨立之際，偶有所見，然喻意顯然。汪瑗曰：「『空外一鷙鳥』，喻小人在高位也。『河間雙白鷗』，喻君子在下僚也。『飄颻搏擊便』，喻小人加害君子，貼上『鷙鳥』。『容易往來遊』，喻君子率意而行，不提防小人，貼上『白鷗』。公寄賈、嚴兩閣老排律一聯云：『浦鷗防碎首，霜鶻不空拳。』即上兩聯之意。雖不明言，然已明言之矣。」

下四句又即兩物以賦意，意承上而事不承上，喻君子已遭禍患，而小人羅織尚未已也。露下眾草則將殺草，蛛絲未收則將羅物，此皆殺機也。唐子西《寄東坡》詩：「莫向江邊弄明月，夜深無數採珠人。」千古同歎，使人寒心。

合上六句，並是天機之現於蟲鳥草木者。然興人事之好殺相近，故公獨立而有萬端之憂也。題曰「獨立」，亦見孤子無援意，可憂者正以此。

結聯已明點出「人事」二字，則有感於人事不必言，非如他題之託喻，使人揣測於不可知，妄牽他事以強合詩句也。余最惡牽合之陋，獨於此詩不能沒其喻意焉。

觀兵

愚按：此詩當是乾元元年作。《通鑑》：元年九月庚寅，命朔方節度郭子儀、淮西魯炅、鎮西北庭李嗣業等七節度將步騎二十萬討安慶緒，李光弼、王思禮助之，號九節度。十二月，圍鄴城。公時在東都觀兵。

北庭送壯士，貔虎數猶多。精銳舊無敵，邊隅今若何。妖氛擁白馬，元帥待彫戈。莫守鄴城下，斬鯨遼海波。

「北庭」，謂鎮西北庭節度使李嗣業之兵，即安西兵也。「壯士」，指嗣業

言。「貔」，《爾雅》釋「白狐也」。郭璞《注》：「一名執夷，虎豹之屬。」《尚書》：「如虎如貔。」此謂嗣業統龜茲、于闐、焉耆、疏勒四鎮，故貔虎數尤多也。

嗣業平時精銳，素稱無敵，今至邊隅，必能掃靜煙塵也。安史皆邊寇，故以「邊隅」稱之。

「妖氛」，指安史言。「擁白馬」，借用侯景事。「元帥」，即嗣業也。「待彤戈」，謂待天子賜以彤戈而後往征，喜其趨王命也。古鼎銘曰：「王命虎臣，賜汝和鸞、鞗勒、彤戈。」

孫綽賦：「斬鯨鯢於滄波。」謂遼海乃鯨魚窟穴之地。先搗其巢穴，則勢可不戰而屈，何必困守鄴城。公詩「司徒急為破幽燕」，正此意也。

錢牧齋曰：「乾元元年十二月，郭子儀等九節度圍相州。明年三月，史思明來援，戰於城下，官軍潰而圍解。先是李光弼曰：『思明得魏州而按兵不動，此欲使我懈惰，而以精銳掩吾不備也。請與朔方軍同逼魏城，求與之戰。彼懲嘉山之敗，必不敢輕出。得曠日引久，則鄴城必拔矣。』魚朝恩以為不可而止。《安祿山事蹟》云：『汾陽以諸將欲襲思明，謀議不同，乃與李廣琛同謀灌城。』又云：『汾陽與李光弼所謀不協，遂列大陣於鄴城南十里。』然則臨淮之謀，不獨朝恩不可，即汾陽亦不相協也。臨淮云『同逼魏城』，公詩云『斬鯨遼海』，皆謂不當困守鄴城，老師乏饋，以待援師之至也。早用此詩，安有滏水之敗乎？」二年正月，嗣業卒於營中。三月，而九節度之師俱潰。公已有先見之明矣。

不歸

祿山自范陽反，河北諸郡望風瓦解。公之從弟死於城中，故公有感而作是詩。黃鶴曰：「當是乾元二年春，公在東都作。」

河間尚征伐，汝骨在空城。從弟人間有，終身恨不平。數金憐俊邁，總角愛聰明。面上三年土，春風草又生。

《唐志》：「瀛州為河間郡，屬河北。」時安史之亂未平，河間方在戰爭，而弟骨旅寄空城，不能取歸，公所以遙憶而深恨也。

曰「從弟」，則於公稍疏，較親弟為易有。而公以其不歸為終身之恨，正因此弟為難得也。

蔡蘿弼曰：「『數金』，謂從弟幼時識錢數也。張正見詩：『數金買聲名。』

公偶然憶此一事，憐而愛之。俊邁聰明，所以死而可惜。」

黃鶴曰：「天寶十四載十一月，祿山反。至乾元元年為三年。今云春風，則是已經三載，又遇春風也。結語悲甚恨甚。」

得舍弟消息二首

近得一作「有」。平陰信，遙憐舍弟存。側身千里道，寄食一家村。烽舉新酣戰，啼垂舊血痕。不知臨老日，招得幾時魂。

蔡蘿弼曰：「平陰屬河南郡。唐初，屬濟州。天寶元年，更名濟陽郡。十三載，郡廢，以平陰屬鄆州。時公弟在平陰也。」

「側身」，言展轉避寇，不得正行也。《韓信傳》：「寄食於漂母。」「一家村」，平陰之村也。

曰「新」，則舊戰可知。曰「舊」，則新痕可知。二句互言，以見離亂之久，兄弟相失之由。

「幾時魂」，一作「幾人魂」。「幾時魂」為更悲，言數年以來，無日不在賊中，魂之驚散不知在於何時。今當臨老，雖欲招魂，亦不知招何時之魂也。趙汸曰：「此言時之治亂、身之存亡，相待不相待，未可必也。」解亦是。

汝懦歸無計，吾衰往未期。浪傳烏鵲喜，深負鶺鴒詩。生理何顏面，憂端且歲時。兩京三十口，雖在命如絲。

惟「汝懦」，故不能歸。惟「吾衰」，故不能往。即昌黎「吾不能去，汝不能來」意也。「浪傳烏鵲喜」，應首句。汝本無計可歸，浪傳汝歸，而烏鵲抱喜。「深負鶺鴒詩」，應次句。吾亦無期可往，深負詩人「鶺鴒在原，兄弟急難」之義也。

「生理何顏面」，謂不能周急於弟，不覺自慚。「憂端且歲時」，謂憂端方啟，從此而且歲且時，未可知也。

憶弟而並及三十口，遙憐者不止弟也。曰「雖在」，未必在之詞，即或在，亦如絲之懸，其危直呼吸而已。此較前首更為慘戚。

憶弟二首

公自注：「時歸在南陸渾莊。」黃鶴定為乾元元年作。愚定為乾元二年春作。

喪亂聞吾弟，飢寒傍濟州。人稀書不到，兵在見何由。憶昨狂催走，無時病去憂。即今千種恨，惟共水東流。

按：陸渾屬洛陽。公乾元元年任左拾遺，六月出為華州司功，冬晚間至東都，時安慶緒棄東都而走，河南已復，故公得暫往洛陽故居。此詩是二年春作也。濟州即平陰，故知與《得弟消息二首》是同時作。

前四句已得弟消息，故曰「喪亂聞吾弟」。既知其饑且寒，身在濟州平陰矣，但往來之人甚稀，吾書且不能到汝，況此兵戈滿地，欲見汝而何由？意謂書且不能達，況相見耶！若云弟書不能到，則已得消息矣。

「憶昨狂催走」，追憶前日公與弟同遇亂離，其相別之時，弟必急催公走，故公憶其情也。其不能與公同走者，時弟必在病中，故公無時不念其病而去憂心也。此二句為「憶昨」。即今而憶，更不可言，故恨千種也。濟州屬山東，公之恨，惟共水東流耳。

且喜河南定，不問鄴城圍。百戰今誰在，三年忘汝歸。故園花自發，春日鳥還飛。斷絕人煙久，東西消息稀。

河南屬東都，時安慶緒棄走，河南已復。鄴城，相州也。慶緒據鄴城，九節度以兵圍之，時在乾元元年十二月，至二年春，猶未解圍也。首二句就時事言。公暫返洛陽故居，且喜其定，不問其圍也。非不問也，不暇問也，且喜見故鄉太平而已。黃鶴曰：「以弟在濟陽，故喜河南定。」非是。

「百戰今誰在」，則在者無幾矣。公自幸尚在，得歸故鄉，安能不喜？公自天寶十五載從奉先縣與弟相別，至乾元二年，已三年矣。「望汝歸」，謂歸洛陽故居也。

曰「故園」，益知公在洛陽矣。花發、鳥飛，蓋公於元年冬往東都，二年春始自東都回華州，故及見洛陽花鳥也。「花自發」、「鳥還飛」，花鳥無知，自開自適，具見寂寞之感。

人煙既斷，消息自稀。公既東憶弟，又西憶華州，一句而兩寓意。舊注謂弟在東省，公在長安，非是。

得舍弟消息

此首亦同時作。

亂後誰歸得，他鄉勝故鄉。直為心厄苦，久念與存亡。汝書猶在壁，汝妾已辭房。舊犬知愁恨，垂頭傍我床。

首句即「百戰今誰在」意，謂當此亂後，誰得歸家者。次句言弟在他鄉，我在故鄉。故鄉新當亂後，未必他鄉不勝於此，所以遙慰之也。諸解俱謬。

　　「心」之「厄苦」，從「久念」來。「與存亡」，即主存與存，主亡與亡之意。謂吾心之厄苦，因久念吾弟，欲與俱存亡耳。《前秦錄》：「慕容沖曰：『為厄奴苦。』」「厄苦」二字本此。

　　「汝書」，即消息也。想公得書而喜，黏之於壁，作朝夕念也。李陵書，注「辭房」，謂「妻去室也」。汝妾辭房，必從汝書中得來。以古體插入律體，公之縱筆也。

　　晉陸機有駿犬，名曰黃耳。機在洛，久無家問，笑語犬曰：「汝能齎書取消息否？」犬尋路至家，得報還洛。公時在洛，故用陸事。言汝書已得，而我書不能往，惟舊犬知我之愁恨，或肯為我傳書耳。人稀書不到，至欲託之於犬，亦可悲矣。

　　合觀五首，喪亂之悲、別離之歎、存亡之感，無所不備，讀者當得其藹然手足之情，惻然故園之念，不必問其詞之工與未工也。

　　李蟠庵曰：「注杜必注其作詩之地與時。如黃鶴云此係乾元元年作，然公自元年冬晚，間至東都，則『故園花自發，春日鳥還飛』定為二年春之事矣。曰『近得平陰信』，曰『飢寒傍濟州』，平陰即屬濟州，則知前四首為同時作矣。因得弟消息，故又憶弟，不覺情詞矗矗，累形詩什。此首云『他鄉勝故鄉』，與前首『故園花自發』，俱指洛陽言。其作詩之地與時了然自明，為之快絕。」

辟疆園杜詩注解五言律卷之三

武鄉程康莊坦坦甫評

北海畢忠吉致中甫

梁谿顧　宸修遠甫著

秦州雜詩二十首

《寰宇記》：「秦州，本秦隴西郡，漢武帝分隴西，置天水郡。」《地道記》云：「漢陽有大阪，名曰隴坻，亦曰隴山。魏分隴右為秦州。唐武德二年，仍置秦州。天寶元年，改天水郡。乾元元年，復為秦州。」是年，公論房琯事，貶華州司功。明年春，自東都回華州，關輔饑。七月，棄官西去，度隴，客秦州，卜西枝村草堂，未成。

滿目悲生事，因人作遠遊。遲回度隴怯，浩蕩及關愁。水落魚龍夜，山空鳥鼠秋。西征問烽火，心折此淹留。

是年關輔大饑，生事不可問，至採橡栗以自給，則公之悲可知矣。「因人作遠遊」，時必有所倚託，故為此遊。此見到秦之由。諸注謂因房琯而致遠遊，非也。公豈肯以一謫怨及故人？

《三秦記》：「隴，謂西關也。其阪九回，不知高幾許。欲上者，七日乃得越。山頂有泉，清水四注。東望秦川，長安知帶。入上隴者，想還故鄉，悲思而歌，有絕死者。」公所云「怯」，正以此。《晉地道》云：「汧縣，屬秦國，故城在汧陽縣南。漢置隴關，西當戎翟。今名大震關。」趙至《與嵇茂齊書》云：「李叟入秦，及關而歎。」公所云「愁」也。此聯見赴秦之難。黃維章曰：「必如此注，怯、愁二字始押得穩。」

《水經注》：「汧水出縣西山，謂之小隴山，其水東北流，歷澗注以成淵，潭漲不測。出五色魚，俗以為靈，莫敢採捕，因謂是水為魚龍水。自下亦通，謂之魚龍川。」吳曾曰：「余按：《倦遊雜錄》云：『隴西地名魚龍，出石魚，

有數尾相隨者，如以漆描畫鱗鬣。」魚龍，古之陂澤也。豈非魚生其中，山頹塞漸，久而土凝為石，故破之有魚形。杜甫詩正謂隴州也。」《禹貢》：「鳥鼠同穴。」《爾雅釋〔註1〕》：「鳥鼠同穴，其鳥為鵌，其鼠為鼵〔註2〕。」郭璞《注》：「鼵如人家鼠而尾短，鵌似鶏而小，黃黑色。穴入地三四尺，鼠在內，鳥在外，互為牝牡。其山在渭源縣。」《西溪叢話》曰：「陸農師引《水經》『魚龍以秋日為夜』。按：龍秋分而降，則蟄寢於淵，豈謂是乎？又，魚龍，水名；鳥鼠，山名。「鳥鼠秋」而「魚龍夜」，是詩兩句而含三事也。」此到秦時山川之景也。

「西征問烽火」，即下「漢將獨征西」是也。指吐蕃之亂。《別賦》：「心折骨驚。」公怯於度隴，愁於及關，水落山空，無非可悲之事。因問西征烽火，而此心如折，且恨在此淹留也。趙注言：「更欲西遊，以烽火未息，故心折而留滯於此。」非是。

秦州城北寺，傳是一作「勝蹟」。**隗囂宮。苔蘚山門古，丹青野殿空。月明垂葉露，雲逐度溪風。清渭無情極，愁時獨向東。**

《元和郡國志》：「秦州伏羌縣，本秦冀縣也。隗囂稱西伯，都此。河山磅礡，雄峙隴外。」《方輿勝覽》：「雕窠谷在秦州麥積山之北，舊有隗囂避暑宮。」《寰宇記》：「雕窠峽在渭州南三十里，對面瀑布瀉出於兩崖之間。」《後漢·隗囂傳》：「囂，天水成紀人。」故城在今秦州隴城縣西北。初，囂據故地，鄧禹承制，命為西州大將軍。公孫述以囂為朔寧王，寺即囂故居。

門生苔蘚則古，丹青剝落則空。公因覽古蹟，而歎其山門蘚剝，野殿荒墟，但見月明葉露，雲逐溪風而已。所云固一時之雄，而今安在，其感深矣，又妙在不說出此意。唐詢曰：「露方垂葉，月照則明；雲之度溪，隨風而逝。曰明，曰逐，皆子美用字精練處。」

諸注云：「寺枕秦山，下接渭水。渭水東流長安，公因東望而歎己之不能往。恨此水無情，不與己俱，祗增愁悶也。」愚按：長安在西，公之心方西向，而渭水乃獨肯我而東流，故曰「無情極」也。戴叔倫詩云：「沅湘日夜東流去，不為愁人住少時。」正是此意。

州〔註3〕**圖領同谷，驛道出流沙。降虜兼千帳，居人有萬家。馬驕珠**

〔註1〕 「釋」下疑脫「鳥」字。
〔註2〕 「鼵」，《爾雅·釋鳥》作「鼵」。
〔註3〕 「州」，底本誤作「川」，據下文注及通行本杜詩改。

一作「朱」。汗落，胡舞白題斜。年少臨洮子，西來亦自誇。

「州圖」，秦州之圖志也。時也秦州為都督府，領天水、隴西、同谷三郡。《寰宇記》：「唐成州，《禹貢》梁州之域，古西夷地。天寶元年，改為同谷郡。」《唐六典》：「隴右道，東接秦州，西逾流沙。」注曰：流沙在沙州以北，連延數千里。唐使者使吐蕃，過鄯州之西赤嶺，分界碑即經莫離那錄驛。又至眾龍驛、劉驛、婆驛之類，其名非一。近贊普牙帳，曰勃令驛。故曰「驛道」。此言秦州所領之同谷郡乃出流沙之驛道，吐蕃往來之要衝也。

吐蕃貴人處於大氈帳。「兼千帳」者，以一帳而兼千也。

趙汸曰：「千少於萬。曰『兼千帳』，則外寇多矣。萬多於千。曰『有萬家』，則居民少矣。外寇入處之多如此，而居民僅如此，則秦州皆敵矣。」

「朱汗」，猶言血汗也。傅玄《乘輿馬賦》：「流汗如珠。」《南史·西域傳》：「白題國王，姓支，名稽毅，其先蓋匈奴之別種也。」《裴子野傳》：「武帝時，西北遠邊有白題及滑骨，遣使由岷山道入貢，莫知所出。子野曰：『漢潁陰侯斬胡白題將一人。服虔注曰：『白題，胡名也。題者，額也。其俗以白堊塗其額也。又，漢定遠侯擊彝入滑，此其後乎？』」《墨莊漫錄》曰：「白題，胡人氈笠也。胡人善舞，笠因而斜。」〔註4〕此說較是。此聯亦見彝人逼處，驕縱肆佚，其勢甚多，故不可遏也。

臨洮屬隴右。秦始皇築長城，起自臨洮。後為吐谷渾所據。「年少臨洮子」，居民中之年少也。黃鶴曰：「臨洮人勇勁，可備守禦。《通鑑》載大曆二年，李抱玉使右軍都將臨洮李晟擊吐蕃。晟將千人，出大震關，至臨洮，屠定秦堡是也。」愚謂公意正為朝廷慮耳。曰「年少」，見其無知也。「自誇」者，習於彼之風俗，亦以騎擊誇能也。玩一「亦」字，便見居民鮮少，邊備單弱，大足啟遠人輕中國之心。鶴注非也。邵二泉曰：「臨洮年少，守禦可誇，中興氣象淳然。」益謬。

鼓角緣邊郡，川原欲夜時。秋聽殷地發，風散入雲悲。抱葉寒蟬靜，

〔註4〕張邦基《墨莊漫錄》卷二：「杜子美《秦州》詩云：『馬驕珠汗落，胡舞白題斜。』『題』或作『蹄』。莫曉白題之語。《南史》：『宋武帝時，有西北遠邊，有滑國遣使入貢，莫知所出。裴子野云：漢潁陰侯胡白題將一人。服虔注曰：白題，胡名也。又，漢定遠侯擊虜入滑，此其後乎？』人服其博識，予常疑之。蓋白題胡名，對珠汗似無意。後見李長民元叔云：『在京師圍城中，戎騎入城，有胡人，風吹氈笠墮地，後騎告云：落下白題。其胡下馬拾之。』始悟白題乃胡人謂氈笠也。子美所謂『胡舞白題斜』，胡人多為旋舞，笠之斜也，似乎謂此也。」

歸山獨鳥遲。萬方聲一概，吾道竟何之。

此賦鼓角也。戍鼓、角聲皆兵事，防秋之具，緣邊諸郡為尤急。公聽之而起悲思，正在「川原欲夜時」也。

鼓角之聲如連地而發，故曰「殷」。因風吹入雲際，雲亦悲也。

「蟬靜」、「鳥遲」，正「欲夜」之景。公詩斷續相應，往往如此。劉須溪以此二句為賦鼓角警語，趙注因之，反失自然承應之妙。

當時東有安史之亂，西有吐蕃之侵，鼓角之聲，萬方皆然，不獨緣邊一處也。時方備警，談武事，安用吾道？孔子所云：「吾道非耶？吾何為於此？」公蓋欲他往而不能矣。

南使宜天馬，由來萬匹強。浮雲連陣沒，秋草徧山長。聞說真龍種，仍殘老驌驦。哀鳴思戰鬥，迥立向蒼蒼。

按：乾元二年正月，史思明稱燕王於魏州。三月，九節度之師圍安慶緒於鄴，俱潰於滏水，思明殺安慶緒。郭子儀獨保河陽，詔留守東都。此詩借天馬以喻當時之將士也。「南使」，諸注俱指張騫言，似屬蛇足。蔡夢弼曰：「南使，沙苑別名。唐置牧馬監於沙苑。曰『宜』者，此地宜牧馬，故『由來萬匹強』也。」得之。

黃鶴曰：「此篇雖賦天馬，然豈無因而賦？蓋秦州清水縣有馬池水，源出嶓冢山。《開山圖》云：『隴西神馬山有泉池，龍馬所生。』」愚按：此詩雖係秦州，然通首觀之，似與秦州無涉。既云《雜詩》，亦不必泥秦賦秦也。鶴說固矣。

《西京雜記》：「漢文帝自代還，有良馬九匹。一名浮雲。」九節度秉敗，馬之良者皆連陣而沒，萬匹俱盡，故秋草徧山而長，不復馬蔪矣。公所以感極而傷心也。「浮雲」二字方有著落。諸注云：「若浮雲之易散。」牽強殊甚。漢武帝《天馬歌》：「天馬騄，龍之媒。」「真龍種」，喻元帥代宗也。《左傳》：「唐成公如楚，有兩驌驦。」唐人語，以餘為殘。詩宜謂所餘者尚有驌驦，幸之之詞也。諸注俱云：「公自況。」甚屬無謂。「老驌驦」，蓋指郭子儀言。九節度雖敗，而老驌驦尚存，其勠力王室，感奮三軍，猶能迥散獨立，向蒼蒼而不愧也。正獨守東都意。既有「真龍種」，更餘「老驌驦」，俱是屬望無已之詞。通首如此解，庶幾不失詩人之意。

城上胡笳奏，山邊漢節歸。防河赴滄海，奉詔發金微。一作「徽」。士苦形骸黑，林疏鳥獸稀。那堪往來戍，恨解鄴城圍。

此章專詠吐蕃之亂。「城上胡笳奏」，言吐蕃復來侵也。「山邊漢節歸」，言漢使往來於道也。考新、舊《書》，肅宗時，止使給事中南巨川於吐蕃。此詩二十首中，反覆於使節之不歸，不知何所指，更俟博者詳之。

「防河」，謂防河西也。開元十五年十二月，制以吐蕃為邊害，令隴右道及諸軍團兵五萬六千人、河西及諸軍團兵四萬人，又徵關中兵萬人集臨洮，朔方兵萬人集會州，防秋，至冬初無寇而罷。乾元二年，吐蕃又侵擾河右。故曰「防河」。「金微」，隴右地名。《唐六典》羈縻州有金微都督府，隸振武軍。《後漢紀》：「竇憲遣左校尉耿夔出居延塞，圍北單于於金微山。」此聯總因吐蕃來侵，遣戍卒往來守禦，既赴滄海，又發金微，極言征途之遠。「滄海」、「金微」，亦是借言，猶云今日至某處，明日又至某處也，不必實指當時事。若云往滄海防河，自金微奉詔，拘泥甚矣。

本為吐蕃而設防，致士卒疲敝，形骸盡皆臕黑；林木皆空，鳥獸失所依棲。往來之戍，真是難堪。「恨解鄴城圍」，戍卒怨極之詞也。

鄴城之圍，何以云解？史思明援兵至，九節度兵潰，故暫解也。戍卒甫解圍，而又西役，其苦有不可言者，故以解圍為恨。蓋言鄴圍若不解，豈令吾遠戍哉？解圍本非得已，遠戍又復難辭，宜其恨之至也。諸注從來憒憒。

按：此詩言鄴城圍解，本說九節度師潰事，則前首天馬陣沒斷指九節度無疑矣。前首全借天馬以傷九節度，此則峕指吐蕃。偏於此首末句點出鄴城之圍，若為前首點睛，此子美離合斷續之妙，信化工筆也。

愚細詳防河奉詔，雖因吐蕃，然鄴城之圍，實圍安賊也，何云「那堪往來戍，恨解鄴城圍」？蓋因往來徵發之不堪，故恨鄴城之圍，不及殲此渠魁耳。然則非戍卒恨也，乃公恨也。公何以恨？恨鄴城之圍非自解也，並非史思明能勝九節度而解也，實肅宗委任魚朝恩統兵，致有輿尸之辱耳。考安史之亂，其攻之最甚者凡三。崔乾祐潼關之輕出，房琯陳濤斜之車戰，與鄴城九節度之潰是也。此三者實關係唐之興亡成敗。然潼關之敗，敗於楊國忠之懼禍，玄宗信讒，遣使促戰；陳陶斜之敗，肅宗已入賀蘭進明之謗，中使邢延恩等促戰，琯遂倉皇不及持；鄴城之敗，又敗於魚朝恩之統兵。然則公所云「恨解鄴城圍」，其致恨之由，實有慨於唐之興亡成敗，非泛然下此一語也。朝恩素惡子儀，因九節度之潰，乃短之於上，遂召還京師。故前首「任殘老驌驦」，後首「故老思飛將，何時議築壇」，俱指子儀而言，亦隱指此恨而言也。因往來之戍徵發無已，轉思鄴城之解圍，不覺愈恨耳。秦州諸詩往往皆因吐蕃致恨安史，如

「一望幽燕隔，何時郡國開」、「蘇門誰自北，漢將獨征西」，恨意了然。

莽莽萬重山，孤城山谷間。無風雲出塞，不夜月臨關。屬國歸何晚，樓蘭斬未還。煙塵一長望，衰颯正摧顏。

「孤城」，秦州城也。城在萬山之中，宜其陰慘蕭瑟。

《齊地記》：「不夜城在陽遷東南，蓋古有日，夜出於境，故萊子立此城，以不夜為名。」《邵氏聞見錄》：「無風，谷名。不夜，城名。王韶經略西夏，親至其地。」趙子櫟云：「今秦州有之，後人因杜詩而名也。」此聯言陰氣嚴肅，日色慘淡，以見秦州氣候之殊。蓋借地名意義為句，猶前「水落魚龍夜，山空鳥鼠秋」也。

《漢書‧蘇武傳》：「武以中郎將使單于，還至京師，拜為典屬國。」「屬國」，掌外國之官。「樓蘭」，西域國名。《傅介子傳》：「先是龜茲、樓蘭嘗殺漢使者，介子持節往使，斬樓蘭王安之首以歸，詔封義侯。」時使者為吐蕃所留，因怪屬國之歸何晚。想因樓蘭未斬，故未回耳。前首云「山邊使節歸」，則望其歸。此云「歸何晚」，則猶未歸。悵望煙塵，徒摧我衰顏耳。當時吐蕃驕橫，公有欲滅此朝食之志。

聞道尋源使，從天此路回。牽牛去幾許，宛馬至今來。一望幽燕隔，何時郡國開。東征健兒盡，羌笛暮垂哀。

趙子櫟曰：「時遣使吐蕃，名曰尋源使，借張騫以名官。」「此路」，指秦州言，謂使西域者必從此路回也。

《博物志》：「昔有人乘槎泛河，至一處，見一女織，丈夫牽牛飲河渚。」本非言張騫也。今相沿為騫事。公亦屢用之。騫使西域歸，言大宛多善馬。武帝求馬於宛，不肯與，乃使李廣利伐宛，遂出其馬。此傷使吐蕃者，不知去幾年矣，今仍能來宛馬否也。切望之詞。

幽燕為安史所據，路尚未通。「何時郡國開」，言諸郡竊據而不臣者尚多也，見在在用兵有不暇西征意。

天寶十四載十一月，於京師召募十萬，號天武健兒。因祿山反，兵籍少，故旋為召募也。今九節度之師潰於鄴城，東征健兒盡矣。徒聞羌笛之聲起於暮夜，徧地皆羌，又誰其禦之？此即「恨解鄴城圍」之意。此章因秦州為西域驛道，感夫漢以一使之力直通西域，窮河源，來宛馬，今以天下之全師不能即定幽燕，遂通西域，致使者不得還，而東征之壯士又一時俱盡。正《新書》所云：「自安史之亂，邊備空虛，故吐蕃乘機暴掠也。」末二句感慨無限。

今日明人眼，臨池好驛亭。叢篁低地碧，高柳半天青。稠疊多幽事，喧呼閱使星。老夫如有此，不異在郊坰。

此詠秦州驛亭也。驛亭臨池亢爽，公偶至此，不覺眼為之明。「叢篁」、「高柳」，形容驛亭幽景，以起下聯。

「稠疊多幽事」，即指上二句。「喧呼」，使者到而喧呼。言此驛亭本屬幽境，而閱歷使者，則時而喧呼。即前首所云「驛道」是也。是時漢使往來於吐蕃，想見持節喧呼，何等鄭重。言外有素飡之愧。後漢李郃善河圖風星，和帝遣使者二人微行，至益都觀風采謠。郃指星云：「有二使星向益州分野。」故曰使星。

邑外為郊，郊外為野，野外為林，林外為坰。驛亭本通衢而幽致如此，真不異「在郊坰」也。公欲假驛而居，則秦州無容足之地可知。

雲氣接崑崙，洿洿塞雨繁。羌童看渭水，使客向河源。煙火軍中幕，牛羊嶺上村。所居秋草靜，正閉小蓬門。

此亦刺異類雜處也。《寰宇志》：「崑崙在肅州酒泉縣西南八十里。」杜佑曰：「善慶中，劉元鼎為盟會使，言：河之上流，由洪濟西行二千里，水益狹，冬春可涉，夏秋乃乘舟。其南三百里，三山，中高四下，曰歷山，直犬羊同國，古所謂崑崙者也。種曰闕摩黎山，東距長安五千里。河源其間，流澄緩，下稍合眾流，色赤，行益遠，他水併注則濁。河源東北直莫賀延磧尾，隱測其地，蓋自劍南之西。」「塞雨繁」，因與雲氣相接也。

「羌童」，謂降戎久處而蕃息也。雲氣既接，彼之羌童來看渭水，有窺覬秦州之意。此之使客又向河源，無非往來吐蕃者也。內外不分，兵連禍接，秦州之民豈復有寧宇哉？

一望煙火，俱從軍幕而出，則居民之少具見。所見牛羊，俱在嶺上之村，所云「孤城山谷間」也矣。公居此，更無可與往來者，惟有蓬門自閉而已。

蕭蕭古塞冷，漠漠秋雲低。黃鵠翅垂雨，蒼鷹饑啄泥。蘇門誰自北，漢將獨征西。不意書生耳，臨衰厭鼓鼙。

蕭蕭塞冷，漠漠雲低，景況索寞可知。鵠亦垂翅，鷹且啄泥，民不聊生可知。

蘇門屬幽州，時為安史巢穴。「誰自北」，言恢復北方者無其人也。漢岑彭為征西將軍，今既從事於吐蕃，則諸將「獨征西」耳。鄴城之圍既解，直搗漁陽之說又不行，乃獨倉皇為征西之計，誰能滅吐蕃而朝食者，回映前首「那堪

往來戍，恨解鄴城圍」，反覆三歎。

「鞞」，馬上鼓也。曰「書生」，既無效武之地；曰「臨衰」，又非壯健之比。「自北」、「征西」，不堪自任，惟有日聽鼓鞞之聲而已。「厭」，猶屨足之義。於此首中點出「不意」二字，大悔「因人作遠遊」之非。

山頭南郭寺，水號北流泉。老樹空庭得，清渠一邑傳。秋花危石底，晚景臥鐘邊。俯仰悲身世，溪風為颯然。

此詠秦州南郭寺也。《寰宇記》：「天水縣界有水一派，北流入長道縣界。」蔡夢弼曰：「水萬折必東，其勢順也。今云北流，則逆甚矣。《詩》云：『彪池非流。』蓋亦惡其逆也與？」

《秦州記》：「天水郡前有湖水，冬夏無增減，名曰天水，即清渠也。」《九域志》：「郡有清水，本秦中所封，為附庸之地，故有清水縣，渠亦因此而名。」空庭幸存老樹，故曰「得」。一邑惟此清渠，故曰「傳」。

寺中之秋花則在危石之底，寺中之晚景則在臥鐘之邊。「危」、「臥」二字是眼。「秋」、「晚」二字紀時也。此賦寺中景物。

公因遊寺，溪風颯然而至，故有俯仰之悲。以上四首，驛亭與此首是晴，中二首是雨。郭青螺曰：「此公在寺中作也。或因北寺而愁，或因孤城而悵，又因南寺而悲，故曰雜詩。」

傳道東柯谷，深藏數十家。對門藤蓋瓦，映水竹穿沙。瘦地翻宜栗，陽坡可種瓜。船人相近報，但恐失桃花。

起句用「傳道」二字，則下七句所寫景物皆是未至谷中，先述所聞也。趙傁曰：「秦州枕山麓，地曰東柯谷，曰西枝村。公侄佐先卜築於東柯，公卜西枝村。草堂未成，故寓東柯谷佐之居。曰『深藏數十家』，言其可卜居也。」

中二聯極形其地之勝。老藤繞屋，水竹相穿，既占幽勝，而又不乏娛老治生之資，信可居矣。毛文錫《茶譜》云：「宣州宣城縣有茶山，其東為朝日所燭，號曰陽坡。」東柯之陽坡，其亦以日燭得名也與？

以上所云景物，公皆得自傳聞，尚未身至其地也。時公必已覓船，欲往東柯，先就船人而問之，船人特就其近處相報云爾。恐更有幽僻如桃源可避亂者，彼或失之，須公自覓。

畢致中曰：「近相報秖就其近地言之，如上四句是也。此中疑有桃源勝境，船人恐或失之。『但恐失』三字正映上『傳聞』二字，有情如此。」說詩真令我頤解。從來諸注，曾未夢見。

萬古仇池穴，潛通小有天。神魚人不見，福地語真傳。近接西南境，長懷十九泉。何時一茅屋，送老白雲邊。

《唐書・志》：「成州同谷縣有仇池，與秦城接壤。」《同谷圖經》：「隋平仇池氏，建西康州於同谷。」《三秦記》：「仇池本名仇維州，上有池，故名仇池。」《茅君內傳》：「大天之內有玄中洞三十六所，第一王屋之洞，周回萬里，名曰小有清虛之天；第二委羽之洞，周回萬里，名曰大有空明之天。」趙德麟曰：「仇池，小有洞天之附庸也。」公《憶昔》詩云：「北尋小有洞。」

《世說》：「仇池有地穴，通小有洞，洞中有神魚，食之者仙，號十九靈泉。」道書有三十六洞天，七十二福地。《真誥》云：「金陵者，洞墟之膏腴，句曲之福地。履之者萬萬，知之者無一。」此言世所傳為福地者，徒有其語，此為真也。

蔡夢弼曰：「甫謂仇池西南有靈泉十九泓，食其魚者輕舉，故懷之而有卜居之意。余考之王仁裕《入洛記》：『仇池數千仞，蒼巒四面危絕，天造石城，惟東一門可上，平田百頃，甘泉百孔，一夫持關，萬夫莫窺。』而甫詩以十九泉為言，蓋特舉其大者耳。」《東坡志林》：「王仲至謂余曰：『吾嘗奉使至仇池，有九十九泉，而萬山環之，可以避世，如桃源。』」宜子美欲結廬以老也。

「一茅屋」，「一」字於蕭條中見出孤特，所謂字中有骨。吳曾《漫錄》曰：「杜詩『送老白雲邊』，蓋用梁簡文帝詩『樓神紫臺上，縱意白雲邊』。」

未暇泛滄海，悠悠兵馬間。塞門風落木，客舍雨連山。阮籍行多興，龐公隱不還。東柯遂疏懶，休鑷鬢毛斑。

「滄海」，仙隱之地。公自悔泰州之遊，言未暇泛滄海而去，乃遂悠悠兵馬間。塞門悲風，客舍愁雨，無任淒切。

《魏氏春秋》：「阮籍時率意獨駕，不由徑路，車跡所窮，輒慟哭而返。」公以阮籍之行自比，言不擇地而行也。龐德公採藥鹿門，公欲傚之，聊借東柯隱居耳。

曰「遂疏懶」，公已卜居於侄佐之居矣。其居後為寺，山下有大樹，後人呼為子美樹。左思《白髮賦》：「星星白髮，生於鬢垂。將拔將鑷，好爵是縻。」公已決計休隱，故鬢斑不復鑷也。

前四句泛言泰州兵馬之擾，無地可居；後四句暫卜東柯，依侄而居也。公所云「因人作遠遊」，其始因侄也與？

東柯好崖谷，不與眾峰群。落日邀雙鳥，晴天卷片雲。野人矜險絕，水竹會平分。採藥吾將老，兒童未遣聞。

　　山穴曰岫，山邊曰崖。泉出流川曰谷，山之空坎幽隱者亦曰谷。崖之高曰岩，上秀者曰峰。此言泰州之山萬重，惟東柯崖谷最好，不與眾峰群也。

　　公詩：「仰視百鳥飛，大小必雙翔。」日落而雙鳥歸，若或邀之者然；天晴雖一片之雲，亦盡收捲。此聯寫東柯之勝，與「塞門風落木，客舍雨連山」之景大異矣。

　　「矜險絕」，正言其可居。地僻而險，兵馬不到，故野人獨佔其勝。吾與卜鄰而居，水竹之幽雅，會須平分一半也。

　　「吾將老」，謂老於此地也。為人所知，則不能隱矣。並兒童亦不遣聞，此是真隱。

　　邊秋陰易夕，不復辨晨光。簷雨亂淋幔，山雲低度牆。鸕鷀窺淺井，蚯蚓上深堂。車馬何蕭索，門前百草長。

　　前四句語極狀其陰，既易夕，又無晨，皆雨雲之氣所漫滅也。

　　《本草衍義》：「鸕鷀不卵生，口吐其雛，今謂之水老鴉。」「淺井」，堂前小庭也。秋雲多雨，淺井亦生魚，故鸕鷀窺之。崔駒《古今注》：「蚯蚓，一名蜿蟺，善長吟於地中，江湖謂之歌女。」曰「上深堂」，陰亦甚矣。張伯復云：「鸕鷀二句，即『伊威在室，蠨蛸在戶』之意，閴無人焉，淒涼極矣。下接『車馬何蕭索』二語，正此意也。」

　　地僻秋將盡，山高客未歸。塞雲多斷續，邊日少光輝。警急烽常報，傳聞檄屢飛。西戎外甥國，何得近天威。

　　「客」，公自謂也。因塞雲斷續多，故邊日光輝少。

　　烽報檄飛，邊警急也，正起下二句。

　　《唐書》：貞觀間，以文成公主；景龍間，以金城公主，下嫁吐蕃。乾元初，肅宗以幼女寧國公主下嫁回紇。又按：開元十八年，吐蕃贊普請和，上表曰：「外甥是先皇帝舅宿親，又蒙降金城公主，遂同為一家。深識尊卑，豈敢失禮？千歲萬歲，外甥終不敢先違盟誓。」此言吐蕃警報送至，若可危矣。然又自解曰：吐蕃乃外甥之國，何得近犯天威？蓋責之以義也。黃漢臣曰：「此語似亦反言，以見和親之無益。」

　　鳳林戈未息，魚海路常難。候火雲峰峻，懸軍幕井乾。風連西極動，月遇北庭寒。故老思飛將，何時議築壇。

　　「鳳林」，山名。《秦州記》曰：「枹罕原北，名鳳林川。」《寰宇記》：「鳳林關在黃河側，唐時陷於吐蕃。大曆二年，吐蕃入奏，云：贊普請以鳳林關為

界。」「魚海」，縣名。天寶元年，河西節度使王郵奏破吐蕃魚海及遊奕等軍。又，郭子儀取魚海五縣。即此是也。

《漢書》：「楊雄上疏曰：『孝文時，單于侵暴北邊，候騎至雍，烽火通甘泉。』」「雲峰」，喻烽火之熾且高也。《蜀志》：「鄭度說劉璋曰：『左將軍懸軍襲我軍，無輜重。』」王洙曰：「懸軍，謂路險阻，懸之使下也。鄧艾伐蜀，懸軍深入。」《周禮》：「挈壺氏掌挈壺，以令軍井。」注謂為軍穿井，井成，挈壺懸其上，令軍中士眾皆望見，知屯下有井。壺所以盛飲，故以壺表井。《易》：「井收，勿幕。」注：「井口曰收。勿幕，謂勿遮幕之。」此言西北之地土厚水深，既懸軍深入，當遮幕其井，勿使至乾。今幕井亦乾，見軍興之繁且久也。

《爾雅·釋地》：「西至於邠國，謂之西極。」《班彪傳》：「南匈奴掩破北庭。」《唐書·地理志》：「北庭大都護府，屬隴右道。」西極、北庭，俱在雪山之下。風動、月寒，因戰鬥之苦，備形其淒切也。

《史記·李廣傳》：「廣居右北平，匈奴號漢之飛將軍。」《漢書·高帝紀》：「漢王齋戒，設壇場，拜韓信為大將軍。」公謂苟得李廣、韓信為將，則戈自息而路不難矣。如郭子儀者，今之飛將也。豈是年召子儀還京，以李光弼代，故公惜其委任之不專耶？

唐堯真自聖，野老復何知。曬藥能無婦，應門亦有兒。藏書開禹穴，讀記憶仇池。為報鴛行舊，鷦鷯在一枝。

「唐堯」，謂肅宗。君自聖，則忠讜不聞，公微言以寄諷也。「野老」，公自謂也。「復何知」，言非野老所應知，如「安危大臣在，何必淚長流」之意。前詩屢及憂國之事，卒章寄為自慰之詞，而憂心倍見。

《世說》：「荀淑使叔明應門。」公在泰州，念及妻子，因思曬藥不可無婦，應門幸亦有兒。此言家中之應門，既以自悲，又以自寬也。

《括地志》：「禹登宛委山，發石，得金簡玉書。山下有穴，因謂之禹穴。司馬遷上會稽，窺禹穴。」「仇池」，注見前詩。曰「聞」，曰「憶」，皆未能往之詞。公意蓋厭秦隴，欲駕西南遊也。是年十月，遂往同谷。

「鴛行」，指當時同省諸公。《莊子》：「鷦鷯巢林，不過一枝。」東柯之居，公特暫寄跡耳。

是詩為二十首總結。首章敘來秦之由，其餘皆至秦所見所聞也，或遊覽，或感懷，或即事，大約在西言西，反覆於吐蕃之驕橫、使節之絡繹，恨無能為

朝廷效一臂者。總結以唐堯自聖，則國事自有聖君；應門有兒，則家事應付兒子。野老此身，復何所為？惟有探奇書，覓勝蹟，窮愁以卒歲而已。寄語駕行諸公，無復有立朝之望也。噫！公之志誠可悲矣。

月夜憶舍弟

戍鼓斷人行，秋邊一雁聲。露徒今夜白，月是故鄉明。有弟皆分散，無家問死生。寄書長不達，況乃未休兵。

《南部新書》曰：「此公乾元二年流放秦隴詩也。」黃鶴曰：「是年九月，史思明陷東京及齊、汝、鄭、滑四州，宜戍鼓之未仆。人行既斷，孤雁一聲，明兄弟之相失，岑寂之至。」

秋露自白，而曰從今夜白，從此而白，則秋漸深漸白矣，公意感在秋深也。月無處不明，而曰是故鄉明，秦地之月依然是故鄉之月矣，公意感在故鄉也。「從」字、「是」字寫出憶況。

公三弟，或在許，或在齊，皆在河南，正值史逆之亂，故以分散為憶。同在一家，則誰生誰從尚可從家而問，今既無家，並死生亦無問處。此語悲甚。

平時寄書，常恐不達，況戰征未休，道路隔絕，安有音塵之望？「況乃」二字，憶弟之至，幾於無可奈何。對此明月，可勝淒絕！

宿贊公房

公自注：「贊，京師大雲寺主，謫此安置。」《千家注》曰：「贊曾與房琯遊從。琯貶，贊亦謫。」

杖錫何來此，秋風已颯然。雨荒深院菊，霜倒半池蓮。放逐寧違性，虛空不離禪。相逢成夜宿，隴月向人圓。

經云：「佛告比丘：『汝等應執錫杖。所以者何？過去未來見在諸佛皆執錫杖，故又名智杖，又名德杖，彰顯智行功德本故。』」《釋氏要覽》：「釋子稱遊行僧為飛錫，安住僧為掛錫。」首言贊公何以來此，便見謫意，不覺秋風已颯然矣。謫而又秋也，菊荒蓮倒，皆深秋之景。

性安窮達，不以放逐而違；禪本虛空，不因謫居而異。此見贊公平生定力。

公同遭貶竄，相逢倍覺故人之感。隴月偏於此夜而圓，亦見相逢之意。

東樓

秦州之東樓也。《通志》：「東樓跨府城上，形制尚古。」

萬里流沙道，征西遇此門。但添新戰骨，不返舊征魂。_{一云「但添征}
戰骨，不返死生魂。」樓角凌風迥，城陰帶水昏。傳聲看驛使，送節向河源。

「流沙」，地名，在西之極，吐蕃所居。征吐蕃則過此門。前詩「驛道
出流沙」、「漢將獨征西」、「西征問烽火」是也。趙汸注謂「泛言西行之人」，
非是。

「過此門」者，但有去而無來，故戰骨新添，愈戰則愈添矣；舊魂不返，
日征則日不返矣。休徵息戰，未卜何時，言外痛甚。

樓甚高，故其角凌風而迥；城極陰，故其色帶水而昏。想見高寒陰慘，過
其下者，無非不返之魂魄，不獨征人也。著此二句，形容高樓，似鬆一步，實
緊起下二句。

「驛使」，即遣往吐蕃之使。然持節而往，往往見留不返。看猶問也。寄
語而問驛使，何止送節而去也。玩一「送」字，悲感無限。

雨晴

天水_{一作「永」。}秋雲薄，從西萬里風。今朝好晴景，久雨不妨農。塞
柳行疏翠，山梨結小紅。胡笳樓上發，一雁入高空。

秦州曰天水。《州記》曰：「郡前湖水，夏不溢，秋不滿，故曰天水。」《容
齋三筆》：「『天永秋雲薄，從西萬里風』，謂秋天遼永，風從萬里而來。而集乃
作『天水』，以郡名入此篇，則其思致淺矣。」

久雨得西風則晴，雲薄西風，所以晴也。既雨而晴，故雖久雨，仍不妨農。

後四句皆晴景。行柳條也。「疏翠」、「小紅」，雨後之色。胡笳之音，其
聲因晴而倍響；一雁之入，其飛因晴而更高。「樓上」，即東樓也，與前首同
時作。

寓目

一縣葡萄熟，秋山苜蓿多。關雲常帶雨，塞水不成河。羌女輕縫熮，
胡兒制_{音掣。}駱駝。自傷遲暮眼，喪亂飽經過。

《前漢·西域傳》：「大宛俗嗜葡萄酒，馬嗜苜蓿。貳師伐宛，取其種歸，今
處處有之。」「苜蓿」，草名，秋後結實，黑房累累，米可為飯，亦可釀酒。

關塞雨多，其水漫流，荒涼無阻，又地高四下，故不成河。

燃火曰烽，舉炬曰熮。曰「輕」者，不以烽熮為意也。掣，牽挽也。駱駝
立，掣而後伏，伏之而後興。

題是「寓目」，上三聯皆自所見也。葡萄、苜蓿本西域之物，今在在有之。此草木之變也。雨多而不成河，此關塞地氣之異也。兒女玩弄，各率其習。烽燧駱駝，時時經見。此他鄉風物之悲也。點出「眼」字，喚起通首寓目之意。自傷遲暮，遭此喪亂，故得飽經過而閱之，前此未之見也。所謂舉目有山河之異，能無歎乎？

李璁佩曰：「喪亂經過，情已傷矣。遲暮見之，其慘倍甚。且此中光景何如，偶一經過，已屬不堪，況飽經過乎！十字中抵一篇《恨賦》。」

山寺

《天水圖經》：「隴城縣東柯谷之南麥積山有瑞應寺，山形如積麥，佛龕刳石，閣道縈旋，上下千餘尺，山下水縱橫可涉。」《玉堂閒話》：「隴城縣東柯僧院甚有幽致，高檻可以眺望，虛窗可以來風，遊人如市。」

野寺殘僧少，山園細路高。麝香眠石竹，鸚鵡啄金桃。亂水通人過，懸崖置屋牢。上方重閣晚，百里見纖毫。

既曰「殘僧」，又曰「少」，不幾難釋乎？孫奕《示兒編》曰：「『野寺殘』所以『僧少』，『山園細』所以『路高』，上三字、下二字句法。」〔註5〕然「山園」句實釋不去。愚謂「殘」言僧之形，「少」言僧之數，野寺之中，僧俱殘敝不堪，故漸少也。山園即僧院也，從小路而上，其勢甚高，蓋寺在山之頂也。

蔡夢弼曰：「麝香，小鳥，隴、蜀謂之麝香鶉。或曰鹿也。」《爾雅》：「麝父，麕足。」釋曰：「小鹿有香，其足似麞，故云麕足。」「石竹」，繡花竹也，僧舍多種之。麝香傍竹而眠也。禰衡《鸚鵡賦》：「命虞人於隴坻。」又，公詩：「隴俗輕鸚鵡。」知鸚鵡為隴右所產。黃鶴曰：「崇仁饒焯景仲與余言，見武林有金桃，色如杏，七八月熟。因知《東都事略》所記外國進金桃、銀桃，種命植之御苑，即此也。」趙汸曰：「此聯本狀寺之荒蕪，以秦隴所產禽獸花木而言，語反精麗。」

「亂水」，或作亂石，非是。《爾雅．釋水》：「正絕流曰亂。」《禹貢》：「亂於河。」《詩．大雅》：「涉渭為亂。」「通人過」，即所云山水下縱橫可涉是也。《玉堂閒話》：「麥積山自平地積薪，至於岩顛，從上鐫鑿其龕室佛像，功畢，

〔註5〕孫奕《示兒編》卷十《寺殘》：「『野寺殘僧少，山園細路高。』誦此詩者，皆疑子美既曰『殘僧』又曰『少』，意若重複。以愚觀之，不見其煩複。嘗讀作野寺殘所以僧少也，山園細所以路高也。又，《別常徵君》詩曰：『白髮少新洗，寒衣寬總長。』此皆是二字三字體也。」

旋旋折薪而下，然後梯空架險而上，其間千房萬室，懸空躡虛，登之者不敢四顧。」所謂「懸崖置屋牢」也。

僧之方丈本在山巔，以上方而又有重閣，則在上方之最高處，故用「晚」字形容。既曰「晚」，雖最高之處，宜一無所見矣。乃周覽無遺，纖毫畢照，且百里之內尚能見其纖毫，形容山寺之高，正從「晚」字見出。

即事

闻道花門破，和親事卻非。人憐漢公主，生得渡河歸。秋思拋雲鬢，腰支膡音剩。一作「勝」。寶衣。群兇猶索戰，回首意多違。

《唐·地理志》：「甘州刪丹縣，北渡張掖河，西北行，出合黎山峽口，傍河東壖，屈曲東北行千里，有寧寇軍。軍東北有居廷海。又北三百里，有花門山堡。又東北千里，至回紇衙帳。」魯訔曰：「考之於史，無破花門、絕和親事。」愚謂非也。岑參《送封常清西征序》曰：「天寶中，匈奴、回紇寇邊，蹦花門。」此所謂「花門破」也。回紇既破花門而直入，後遂助討祿山，恃功請婚。乾元元年七月，肅宗以幼女寧國公主下嫁回紇。此和親之事也。公謂花門既破，不能禁回紇之不入，而和親之事卻非，蓋直指此事為非也。下六句正見和親之非。

乾元二年三月，回紇從郭子儀戰於相州城下，九節度師俱潰，回紇奔西京。四月，可汗死，其牙官都督等欲以寧國公主殉葬，公主不從。回紇法，剺〔註6〕面大哭，竟以無子得歸。八月，詔百官迎於明鳳門外。故曰「人憐漢公主，生得渡河歸」。

三聯摹寫其踉蹌而歸之狀。雲鬢既拋，寶衣亦不能勝，流落含羞之意可想。或曰：悲公主為回紇居婺也。

「群兇」，指安史言，謂今正在索戰之時，則前日回紇之助未能勦滅群凶也。回思和親之意，不大相違背乎？「意多違」，正言和親之非。諸注絕無解者。

魯訔曰：「肅宗遣中使劉清潭使於回紇，修舊好，且徵兵討史朝義。回紇先為朝義所誘，欲為寇，收唐之府庫」。故云「群兇索戰」、「回首意違」。諸注因之。不知此係上元二年九月之事，公時已在蜀浣花草堂矣。不考年月前後，往往訛謬如此。諸注所以可刪也。

〔註6〕《舊唐書》卷一百九十五《回紇列傳》作「剺」。

遣懷

　　愁眼看霜露，寒城菊自花。天風隨斷柳，客淚墮清笳。水淨樓一作「城」。陰直，山昏塞日斜。夜來歸鳥盡，啼殺後棲鴉。

　　「愁眼」二字便見所懷。「霜露」以下所言景物，皆其所愁者，故欲排而遣之。《韻語陽秋》曰：「老杜感時對物，多用一『自』字。謂人情對景，自有悲喜，初不能累無情之物也。寒城之菊，亦任其自花耳。」

　　次聯本謂斷柳隨天風，清笳墮客淚，是倒裝句法。

　　水淨故照見樓陰之直，謂樓陰映於水中，乃知其直也。山昏故惟見塞日之斜，謂塞日為山所掩，不能見其正照也。

　　末聯言後至之鴉，無枝可棲，故其啼獨悲。即「上林無限樹，不借一枝棲」之感。公自喻欲卜居而無其地也。

　　題是「遣懷」，卻句句是不能遣。惟值此萬不能遣，公聊以遣懷耳。

天河

　　楊泉《物理論》：「水之精氣上浮，宛轉隨流，名曰天河。」王栢曰：「天河從北極分為兩頭，至於南極，隨天而轉入地下，過水之氣也。」《廣雅》：「天河謂之天漢，亦曰雲漢、星漢、河漢、銀漢、天津、漢津、銀河、絳河。」

　　常時任顯晦，秋至最分明。縱被微雲掩，終能永夜清。含星動雙闕，伴月落邊城。牛女年年渡，何曾風浪生。

　　黃鶴曰：「公為小人所間，出為華州司功，故託天河以自喻。」愚謂凡詩託喻者亦有之，然不知其意之所在，而妄為逐句比擬，最陋說也。此詩直詠天河耳。

　　常時非不顯，或有時而晦，至秋則最分明可睹矣。雖微雲暫掩，不礙永夜之清，正見其分明處。

　　三聯言天河之出沒，星含於內，烱爍而照雙闕，則闕為之動。天河無光，以星之光映水而動也。按：韋述《東都記》：「龍門號雙闕。」「雙闕」，當是指龍門，或即指長安宮闕言。月有升有落，而天河不動，是月之升落，天河只伴之。公《月》詩云：「不隨銀漢落，亦伴玉繩橫。」可以參悟。

　　牛女渡河，每在七夕，未聞有不渡之時，是天河無風浪也。通首直詠天河，不得著一比擬。

初月

光細弦欲上，影斜輪未安。微升古塞外，已隱暮雲端。河漢不改色，
關山空自寒。庭前有白露，暗滿菊花團。

夏鄭公竦評老杜《初月》詩，謂指肅宗，以升塞外為即位靈武，以隱雲端
為被張后、李輔國所蔽。諸注從之。劉辰翁云：「句句欲比，卻如何處他結句。」
《清溪暇筆》曰：「子美愛國憂君則有之，譏誦朝廷則未有也。」

此直詠初月耳。《釋名》：「弦月，半之名也，其形一旁曲，一旁直，若張
弓弛〔註7〕弦也。」惟初月，故光細，欲上，弦猶未上也，僅一鉤耳。光滿則
如車輪，車輪仄則不安。影斜，故輪未安也。

「微升」、「已隱」，言初月纔升即沒也。下二句正言月隱。月光照徹，河
漢當為改色。惟月光微，故河漢之色不改；月光四遍，關山亦復輝映。惟無月
照，故關山之寒自空。末復以露滿菊花結之，見露之白而不見月之白，總形容
初月之光不久也。

吳曾《漫錄》：「謝惠連詩『團團滿葉露』，謝玄暉詩『猶沾餘露團』，庚抱
《胥臺露》詩『惟有團階露，承睫苦沾衣』，子美『菊花團』本此。」《文苑英
華》作「菊花欄」。

歸燕

不獨避霜雪，其如儔侶稀。四時無失序，八月自知歸。春色豈相仿，
眾雛還識機。故巢倘未毀，會傍生人飛。

公偶見歸燕而詠也。言不獨避霜雪而欲早歸，其儔侶已盡歸矣。《月令》：
「二月，玄鳥至。八月，玄鳥歸。」因言其不失四時之序，八月自知歸也。

後四句反說燕之來，言春色豈曾相仿乎？若設為問燕之詞。春色未曾相
仿，至二月而燕自知來也。「眾雛」，謂其母攜以歸者，至春時而亦知來，豈其
母教之，彼自識機而來？故巢未毀，仍傍主而飛。若代為燕答之詞。

李蟄庵曰：「說得燕子多情，亦為棄婦逐臣洗發心事。」

小小題詠，皆關名教，豈非詩中經史。

搗衣

黃鶴曰：「乾元二年作。是時安史之亂未息，又備吐蕃也。」

〔註7〕「弛」，《釋名·釋天第一》作「施」。

亦知戍不返，秋至拭清砧。已近苦寒月，況經長別心。寧辭搗衣倦，一寄塞垣深。用盡閨中力，君聽空外音。

《詩傳》：「戍，屯兵以守也。」《字林》云：「直春曰搗。古人搗衣，兩女子對立，執一杵，如春米然。今易作臥杵，對坐搗之，取其便也。」「拭」，佛拭也。

陸機詩：「劇哉行役人，慊慊常苦寒。」蔡邕疏：「秦築長城，漢起塞垣。」所以別內外，異殊俗。

「空外音」，欲其遠聞也。力則削盡，君曾聽否，二語哀怨之至。

按：樂府有《搗衣》篇，戍婦之詞也。趙汸曰：「此因聞砧而託為戍婦之詞，曰：我亦知夫之遠戍，不得邊歸，方秋至而佛拭衣砧者，蓋以苦寒之月，長別之情悲，亦安得辭搗衣之勞而不一寄塞垣之遠？是以竭我閨中之力而不自惜也。但聽空外之音則知之矣。用『音』字，含一詩之意。」

促織

《爾雅》釋：「促織，蟋蟀也，一名蛬，亦名青𧕌。楚人謂之王孫，幽人謂之趨織。又名梭機，即莎雞也。一名絡緯。」

促織甚微細，哀音何動人。草根吟不穩，床下夜相親。久克得無淚，故一作「放」。妻難及晨。備絲與急管，感激異天真。

「草根吟不穩」，謂在野也。在野不穩，故入床下。《豳風·七月》詩「十月蟋蟀入我床下」是也。

俚語云：「蟋蟀鳴，懶婦驚。」「故妻」，當指棄婦孀婦言。看「難及晨」三字，何等慘慽！所謂「愁人知夜長」，非泛然「寒衣處處催刀尺」也。

末聯總結上文，言絲管悲悽動人，不如促織之甚，其天真不可掩也。公蓋聞哀音，欲喚奈何矣。

螢火

幸因腐草出，敢近太陽飛。未足臨書卷，時能點客衣。隨風隔幔小，帶雨傍林微。十月清霜重，飄零何處歸。

《月令》：「季夏之月，腐草為螢。」「敢近」，言不敢近也。

晉車胤家貧，囊螢讀書。此翻其意。「點客衣」，即公詩所云「簾疏巧入坐人衣」也。

「隔幔小」、「傍林微」，言螢火之光為幔所隔，為林所掩，則小且微也。

隨風帶雨，寫出不耐風雨之狀。

螢經霜則死。十月霜重，一旦飄零，不知銷歸何處。所云蜉蝣之羽，衣裳楚楚，其感深矣。

蒹葭

《爾雅》釋：「葭，一名葦，即蘆也。葦之未成者，一名蒹。似萑而細，高數尺。」《秦風》：「蒹葭蒼蒼。」

摧折不自守，秋風吹若何。暫時花戴雪，幾處葉沉波。體弱春苗早，叢長夜露多。江湖後搖落，亦恐歲蹉跎。

生質衰脆，不自能守，故畏秋風之吹。蘆花似雪，其根葉俱沉波中。曰「暫時」，曰「幾處」，俱言「不自守」也。

春時其苗易生，叢長，故沾露最多。生於江湖之間，搖落雖遲，亦恐蹉跎歲月，終無所用，仍不能免於摧折也。

按：春苗始生以春言，叢長多露以夏言。及遇秋風之吹，便遭摧折，至於搖落之後，歲月蹉跎，明是冬景矣。詠蒹葭而四時之氣俱備，然公意只憐其摧折，故獨慮秋風之吹，用為起句，其寓感言外自得之。

苦竹

戴凱之《竹譜》云：「紫苦竹處處有之。梧州思安縣有黃苦竹，東越有高苦竹。」

青冥亦自守，軟弱強扶持。味苦夏蟲避，叢卑春鳥疑。軒墀曾不重，剪伐欲無辭。幸近幽人屋，霜根結在茲。

「青冥」，天也。凡竹皆有凌霄之概，亭亭直上，幾欲與青冥為伍。苦竹不高，而其凌霄之志與他竹不殊，故曰「亦自守」。但其質軟弱，止可勉強扶持，正見「亦自守」處。

「苦」言其味，「卑」言其形。苦為物所避，卑為物所疑，可見世之耐苦而安卑者亦甚難也。蟲避鳥疑，處於憂讒畏饑之境，此時而能自守，所云「人不我扶持，我強自扶持」也。著此二句，乃見自守之不易。

「軒墀」，富貴家之廳事也，與竹不相宜，尤與苦竹不相宜，故必遭剪伐，到此幾不能自守矣。幸有幽人之屋在，故樂與近而結根焉。於茲結根，更無搖落之患矣。去富貴而近幽人，庶幾「亦自守」、「強扶持」也。

《蒹葭》詩云：「摧折不自守。」經秋風而即吹折，故不能自守。此云「青冥亦自守」，當嚴霜而善結根，故能自守也。

除架

瓜架也。

束薪已零落，瓠葉轉蕭疏。幸結白花了，寧辭青蔓除。秋蟲聲不去，暮雀意何如。寒事今牢落，人生亦有初。

「束薪」，謂結構瓜架者。今瓜已摘，則架薪零落也。

瓠花白。白花結瓜而既了，非白花了也，瓜既了則蔓自除。

秋蟲在於蔓中，故「聲不去」；暮雀無蔓可棲，故意徘徊。「牢落」，謂除架也。結上六句。指瓜言。末以「人生亦有初」作結，拓開一步。通首喻意自明。按：此詩「零落」、「牢落」兩見。

廢畦

菜圃也。

秋蔬擁霜露，豈敢惜凋殘。暮景數枝葉，天風吹汝寒。綠霑泥滓盡，香與碎時闌。生意春如昨，悲君白玉盤。

既擁霜露，自然凋殘，秋蔬豈敢自惜？今當暮景，惟數莖枝葉存耳。天風且寒，又來吹汝，勢必綠盡香闌，無復有存者矣。六句一氣說。然至明春則生意復發，宛然如昨矣。唐制：立春則以白玉盤盛細生菜，頒賜群臣。公詩「春日春盤細生菜，盤出高門行白玉」是也。

按：《除架》則念人生之有初，從既除而憶其初也；《廢畦》則思春意之復發，從既發而冀其生也。二首俱公字況無疑。初有「吾豈匏瓜，焉能繫而不食」之意，故惜年少之時，文采動人主而不見用；次有既列朝班，旋見放逐，不得與玉盤之賜之意，故悲菜之徒供於玉盤，而於我無與也。大抵秦州諸詩正當放廢之餘，觸景寓意，往往有之。然有通首不點破者，斷不宜穿鑿比擬。若此二首，明曰「人生亦有初」、「悲君白玉盤」，則已將正意點出，自須還他正意。

王阮亭曰：「詩中比賦，原無定體。然玩子美諸篇，以為天涯逐客，落莫窮途，觸物傷心則可，以為誹謗君父，刺譏當途，借題發意則不可。惟修遠獨得其微。」

夕烽

夕烽來不近，每日報平安。塞上傳光小，雲邊落點殘。照秦通警急，過隴自艱難。聞道蓬萊殿，千門立馬看。

軍制：晝則燔燧，夜則舉烽。故謂之「夕烽」。《唐六典》：「凡烽候所置，大率相去三十里。其放烽，有一炬、二炬、三炬、四炬者，隨賊多少而為差。開元二十五年，敕以邊隅無事，內地置烽，量停近畿烽二百六十所。」唐鎮戍每初夜放煙一炬，謂之平安火。《安祿山事蹟》：「六月十四日辛卯，潼關失守，是夕平安火不至，玄宗懼。十五日壬辰，聞於朝廷。」

從塞上而來，傳光甚小。自云邊而落，僅餘殘點。總見其「來不近」。

公時在秦，安史之兵猶出沒秦隴間。朝廷望捷書而不至，但見烽火照秦，惟通警急之報。過隴而往，煙堆隔遠，更覺舉火為難。此二句愈見其「來不近」，正起下「蓬萊」「立馬看」。

天子居蓬萊之殿，夕烽不能近報，惟立馬千門，每夕候火而看，則當時守禦無策可知。

李蠡庵曰：「蓬萊御殿，深居高拱，豈無守在四陲之策？千門立馬，徒望烽煙以為憂，國事至此，尚堪恃乎？深憂隱痛，然立言溫厚，聞者無罪。使坡公輩盡如此，安得有烏臺詩案之禍？」

吳若本云：「夕烽明照灼，了了報平安。塞上傳聲小，雲邊數點殘。焰銷仍再滅，煙迥不勝寒。恐照蓬萊殿，城中幾道看。」與原本迥異，並存之。

秋笛

清商欲盡奏，奏苦血霑衣。他日傷心極，征人白骨歸。相逢恐恨過，故作發聲微。不見秋雲動，悲風稍稍飛。

時公在秦州，與吐蕃為鄰，故時聞羌笛。《三禮圖》：「琴本五絃，曰宮、商、角、徵、羽。文王增二，曰：少宮、少商。商弦最清而獨悲。」今欲盡奏以全其曲，則聞者必揮涕，繼之以血也。蔡琰詩：「長笛聲奏苦。」公詩：「誰家巧作斷腸聲。」

次聯正盡奏而血霑衣也。「他日」，言再聞也。一聞猶可，再聞則傷心極矣。聞此聲者，多屬征人。征人惟白骨歸耳，寧不可悲？舊解合一句講，謂他日有死於戰，以白骨歸者，聞此聲尤傷心也。意甚拙滯。

三聯言不忍盡奏。相逢盡奏者，恐聞而恨極，故作微聲，即微聲亦甚悲

也，況可盡奏乎！下二句正見微聲之悲。

　　不獨人聞之悲，即風雲亦為之悲。然人但知雲動為悲，不知雲不動為更悲；人但知風飛為悲，不知風稍稍飛為更悲。蓋雲與風於此若留連而不忍去，乃見其悲也。

送遠

　　帶甲滿天地，胡為君遠行。親朋盡一哭，鞍馬去孤城。草木歲月晚，關河霜雪清。別離已昨日，因見古人情。

　　此詩是送客於邊城者，非送從軍者。觀第七句，是別後作詩以追送之。

　　天地皆兵，幾於咫尺不可行矣。而君獨遠行，故怪而問之。

　　親朋不忍其去，故盡於一哭，親厚之情也。鞍馬去而不顧，直至邊城，慷慨之志也。

　　草木搖落，知歲月已晚；關河遼遠，況霜雪載途。時景之蕭索，道路之崎嶇，惟其決不可去，故我不能已於送也。

　　「別離已昨日」矣，在我猶不能忘者，惜別之深也。彼古之送遠者，豈無流連不已之情也哉？而我追而送之，徘徊而不忍去，因思古人之情，亦復如是，豈我獨過情也哉？

天末懷李白

　　趙子櫟曰：「白於至德二載坐永王璘而謫夜郎，公在秦州懷之而作。」黃鶴注謂白有追月之事。今詩云「冤魂」，當是寶應元年後。故邵二泉注謂白已死，公在夔州作。皆非也。

　　涼風起天末，君子意如何。鴻雁幾時到，江湖秋水多。文章憎命達，魑魅喜人過。應共冤魂語，投詩贈汨羅。

　　《周書・時訓》：「立秋之日，涼風至。」陸士衡詩：「借問歎何為？佳人渺天末。」「天末」，天之窮處也。公在秦州，正當秋景，故因涼風起而懷之。「君子意如何」，遙憶之至，不知其近況若何也。

　　鴻雁能傳書，今白無信相通。江湖多秋水，謂風波險阻也。不能得其音信，故益懷之。

　　負才之人必為人所忌，如白方得金鑾召對，即為高力士等所沮。故文章之士反憎命之通達也。錢牧齋曰：「『魑魅喜人過』，正謂小人喜害君子耳。白流於夜郎，乃魑魅之地，喜其來而擇人以食也。《招魂》云：『得人肉以祀，以其

骨為醢。』吞人以益其心，正此意也。」

舊以「冤魂」為太白既死，故公懷之。若是，則「鴻雁幾時到」又何望焉？「冤魂」即汨羅之冤魂也。屈原之死，至今而其冤未伸。李白得罪之枉，其心事惟原得以知之，得以語之，故欲白投詩以問之也。鍾伯敬曰：「『贈』字說得精神，與古人相關。若用弔字則淺矣。」

日暮

日落風亦起，城頭烏尾訛。黃雲高未動，白水已揚波。羌婦語還哭，胡兒行且歌。將軍別換一作「上」。馬，夜初擁彫戈。

《後漢・五行志》：「桓帝時，京師童謠曰：『城上烏，尾畢逋。』」謂處高利獨食，不與下共，言人主多聚斂也。毛《傳》：「訛，動也。」此言秦州日暮之景，當其日落風起，而城上烏尾亦若動搖也。

塞雲映沙而黃，故多黃色。日落惟見雲黃，雲高布而不動，陰慘之象具見。惟風起，故白水揚波浪。次聯分應首句。

公在秦州，日與羌婦胡兒雜處，故前詩有「羌女輕烽燧，胡兒掣駱駝」之句。今云「語還哭」、「行且歌」，行動歌哭無不聞其聲，見其狀，至日暮而嘈雜之音猶聒耳不休也。

「將軍」，征西之將軍也。時必有屯軍於此者，欲乘夜而襲敵人。公偶見之，即事以為賦也。李螺庵曰：「『別換馬』，謂備馬而出，恐敵人識其馬也。」日暮而猶擁彫戈，具見兵戈滿地，警報時聞。將軍鞍馬之勞，不得休息，公蓋目擊而心傷矣。」

空囊

黃鶴曰：「即史所稱公客秦州，負薪採橡栗以自給時也。」

翠栢苦猶食，晨霞高可餐。世人共鹵莽，吾道屬艱難。不爨井晨凍，無衣床夜寒。囊空恐羞澀，留得一錢看。

《列仙傳》：「仙人偓佺食松栢之寶。」屈原《遠遊》章：「漱正陽而含朝霞。」陵陽子《明經》云：「春食朝霞。朝霞者，日始欲出，赤黃氣也。夏食正陽。正陽者，南方口中氣也。」《真誥》：「日者，霞之寶。霞者，日之精。」君惟聞服日實之法，未知餐霞之精也。公非真有仙遁之思。但云此猶可食，此尚可餐，勢決不至飢寒而死也。

「鹵莽」，草率之意。見《莊子》。謂世人不以公為意也。世無憐才之人，

則吾道自屬艱難矣。

因不爨，故不汲井而晨凍；既無衣，亦復無衾而床寒。「羞澀」，惶恐也。梁武帝云：「羊欣書似婢作夫人，舉止羞澀。」趙壹詩：「文籍雖滿腹，不如一囊錢。」公留一錢以看囊，正見囊之空也。諸注用阮孚事。此係鄭昂偽造蘇注，今類書中據為實事，往往引入，急當為東坡洗冤。

病馬

乘爾亦已久，天寒關塞深。塵中老盡力，歲晚病傷心。毛骨豈殊眾，馴良猶至今。物微意不淺，感動一沉吟。

此賦乘馬也。乘爾已久，非獨乘於關塞之地。今天既寒，又值塞垣之際，馬所由病也。

《韓詩外傳》：「田子方見老馬，以問其御。御曰：『此公家畜馬也。老罷，故出而鬻之。』子方曰：『少盡其力，老棄其身，仁者不為也。』束帛以贖之。」公用其意。

三聯言毛骨同而馴良異，有不稱力而稱德之意。

末聯言作詩之情，蓋原其病之由，因敘其年之久，惜其力之盡，復歎其性之良，以見相與於患難之際，物雖微也，於吾之意正復不淺，所以為之感動吟此詩，以記其實也。

蕃劍

致此自僻遠，又非珠玉裝。如何有奇怪，每夜吐光芒。虎氣必騰上，龍身寧久藏。風塵苦未息，持汝奉明王。

「蕃」，北蕃也。來自北蕃，故云「僻遠」。曹子建《七啟》：「步光之劍，華藻繁縟。綴以驪龍之珠，錯以荊山之玉。」蕃劍樸質，無此裝飾也。

《晉·張華傳》：「初，斗牛間常有紫氣。雷煥曰：『寶劍之精，上徹於天，夜吐光芒。』」此用其意。

王子年《神仙拾遺記》：「顓頊有騰空劍，在匣中，常如龍虎吟。」《世說》：「王子喬墓，有盜發之，有一劍騰在空中，作龍吟虎吼，徑飛上天。」《水經注》：「雷氏為建安從事，逕踐瀨溪，所留之劍忽於其懷躍出，落水。初猶是劍，後變為龍。故吳均《劍騎》詩云：『劍是雨蛟龍。』」

此詩言蕃劍不易致，既致之自遠，宜珠玉以飾之。乃復棄置不為珍重愛惜，徒使每夜自吐光芒，騰騰有欲出之氣，此豈久藏之物哉？當此風塵未息，

持獻君王，必能效一擊之用。惜乎無有識之者。豐城獄底，秦州旅次，同一感慨。

銅鈸

亂後碧井廢，時清瑤殿深。銅鈸未失水，百丈有哀音。側想美人意，應悲寒甃沉。蛟龍半缺落，猶得折黃金。

此因秦州之故宮廢井有感而賦也。「銅鈸」，汲水之鈸。世亂則棄捐於碧井，時清則收用於瑤殿。首二句因其既廢，以追敘其收用時也。

「未失水」，未落於水也。「百丈」，牽挽銅鈸之絚。舊注云：「以鈸汲水，其離水欲上時，滴瀝之聲，有哀意焉。」此陋說也蓋。此哀音乃美人之哀音也。「美人」，宮人也。本非習於汲水者。百丈之牽，無力上挽，故不覺其音之哀也，故緊接云「側想美人意」。

《風俗通》：「甃，聚磚修井也。」言其所以有哀音者。「側想」，其意應恐此鈸之沉於寒甃，故悲也。「悲」字正應「哀音」。四句應一氣說下，婉轉曲折，寫出美人哀怨激發之意。張籍《楚妃怨》曰：「梧桐落葉黃金井，橫架轆轤牽素綆。美人初起天未明，手拂銀瓶秋水冷。」讀籍詩，杜義自明。

畢致中曰：「一入深宮裏，年年不見春。與銅瓶落井何異？美人之悲，蓋自悲也。嗟乎！入宮見妬，入朝見嫉。一官遠謫，千里依人。然則少陵亦借美人自喻耳。但非少陵不知美人之悲，非修遠不知少陵之悲，此昔人所以重知音也。」

舊解「蛟龍半缺落」，謂井中或得斷釵遺珥，如蛟龍之狀者。焦竑《筆乘》曰：「蓋井幹轆轤，有為蛟龍之飾而塗以金者，今以凋落，而黃金為人所折，隱然有荒頹寂寞之感，而缺折之餘，猶有可折之金，則當時井幹之美可知。」愚謂俱非也。蛟龍之形，是銅鈸上之形。銅鈸兩耳，嵌空為蛟龍之狀。今久沉廢，井半已缺落，猶有存者，為人折而取之，皆黃金也。想見秦宮漢苑，或商鼎周彝。當時汲水之器，亦不惜黃金鑄就。而今頹落於故井之中，猶使人爭折如此，公安得不撫物而悲？李璁佩曰：「杜紫微詩：『折戟沉沙鐵半消，暗將磨洗認前朝。』摩挲慨想，絕與此類。」

洪容齋曰：「此篇蓋見故宮井內汲者得銅瓶而作，然首句便說廢井，則下文翻覆鋪敘為難，而曲折婉轉如，是他人畢生描寫不能到也。」

送人從軍

公自注：「時有吐蕃之役。」

弱水應無地，陽關已近天。今君度沙磧，累月斷人煙。好武寧論命，封侯不計年。馬寒防失道，雪沒錦鞍韉。

《寰宇記》：「弱水車自刪丹縣界流入，在甘州北。」《元和郡國志》：「陽關在汝州壽昌縣西，以居玉門關之南，故曰陽關。」此西域之門戶也。唐為備吐蕃之所。「應無地」，言皆是水。王勃《序》：「下臨無地。」「已近天」，言地最高。岑參詩：「走馬西來欲到天。」王維詩：「西出陽關無故人。」

「沙磧」，兩名。沙即流沙，磧乃石磧也。西方之地。流沙滑滑，縱橫千里，厥土不毛。磧則如西州有雷石磧、北庭都護府有小磧是也。惟不毛之地，故人煙俱絕。

志在功名，故不論命之死生。志在封侯，故不計年之遠近。此從軍者慷慨之志，代為決詞。

末二句又為戒之之詞。老馬知道，沙磧地寒，雖馬性耐寒，亦恐其失道也。「雪沒錦鞍韉」，正言馬寒所以失道之故。送人從軍，乃以馬作結，蓋既出陽關，人煙已斷，所倚恃者惟馬耳。公詩所云：「所向無空闊，真堪託死生。」馬至於失道，則無復生還之望矣。看一「防」字，公代與從軍者十分危聳。

送靈州李判官

黃鶴曰：「乾元二年秦州作。」

羯胡腥四海，回首一茫茫。血戰乾坤赤，氛迷日月黃。將軍專策略，幕府盛才良。近賀中興主，神兵動朔方。

四海之亂，皆自祿山始。回首茫茫，痛恨欲絕。「血戰」二句正是四海腥。

「將軍」，李判官之主帥也。黃鶴曰：「當是指王思禮。是年七月，為關內路府節度，兼太原尹、北京留守。」「盛才良」，言麾下多豪傑也。李判官已在其中。

考至德二載，史思明降後，河北悉為唐有。思明再叛，郭子儀還東都，經略河北。乾元二年，李光弼為幽州大都督，兼河北節度使。則「神兵」當指光弼、思禮輩言。因送判官而深冀望也。

野望

清秋望不極，迢遞起層陰。遠水兼天淨，孤城隱霧深。葉稀風更落，山迴日初沉。獨鶴歸何晚，昏鴉已滿林。

通首俱是野望所見，然曰「望不極」者何？言望之所見，或明或晦，或見

或隱也，故曰「迢遞起層陰」。迢遞之處則未免或隔，遂致層陰不辨也。

下六句一句顯，一句晦。曰「遠水兼天淨」，所謂「秋水共長天一色」也。水明天淨，此可一望而見。曰「孤城隱霧深」，孤城隱於霧中，又隱於深霧之中，迷離不復可辨。此則望之不甚可見者也。曰「葉稀風更落」，葉本稀矣，遇風而更落。枯枝老榦，此可一望而見。曰「山迥日初沉」，山既迥矣，又當日之初沉；山既迥矣，又當日之初沉。山遙日暝，此則望之甚可見者也。

末二句，舊注以鶴喻君子在野，鴉喻小人在位。甚無謂。余意亦如中四句。曰「獨鶴歸何晚」，天空一鶴，飛鳴而歸，此可一望而見。曰「昏鴉已滿林」，昏暮亂鴉，遮塞林木，此則望之不甚可見者也。合而言之，總曰「野望」。

李夢沙曰：「從顯晦二字分出數層，如畫家用筆，濃淡相兼，極盡詩情野趣之奇。」

黃維章曰：「余解此詩，亦以見不見分切題中『望』字。讀此注，詳悉朗晰，復加數倍。杜律有字字切題者，余每欲專錄數首以為法，此其一也。不經修遠苦心解出，不知切題之妙。」

示侄佐

按：《世系表》：「佐是襄陽房，殿中侍御史　之子。」公自注：「佐草堂在東柯谷。」

多病秋風落，君來慰眼前。自聞茅屋趣，只想竹林眠。滿谷山雲起，侵籬澗水懸。嗣宗諸子侄，早覺仲容賢。

師古曰：「七月秋風起，八月風高，九月風落。」

時公未寓侄佐之居，僅聞其趣耳。「只想竹林眠」，便有欲借寓意。「滿谷山雲」、「侵籬澗水」，皆言其趣，皆是所聞所想。

晉阮咸，字仲容，任達不拘，與叔父籍為竹林之遊。鄭善夫曰：「既用此語為結，則聯中不宜用竹林事矣。此亦詩家所忌也。」

佐還山後寄三首

「還山」，謂還東柯谷也。

山晚黃雲合，歸時恐路迷。澗寒人欲到，林黑鳥應棲。野客茅茨小，田家樹木低。舊諳疏懶叔，須汝故相攜。

塞雲多黃，山晚雲合，故歸路欲迷，極狀林居之幽僻。「人欲到」，言人到

者少也，但欲耳。「鳥應棲」，正是晚景。

嵇康書：「性復疏懶。」如此幽絕之地，正與疏懶者為宜，故欲就佢以居。

白露黃粱熟，分張素有期。已應舂得細，頗覺寄來遲。味豈同金菊，香宜配綠葵。老人他日愛，正想滑流匙。

《禮記》：「孟秋之月，白露降，農乃登穀。」「分張」，分別也。謂別時有約食之急，故覺其寄遲。

「金菊」，黃菊也。其味苦。《閑居賦》：「綠葵含露。」《毛詩》：「七月烹葵及菽。」信葵可以配黃粱也。

米細則滑。「匙」，飯匙也。舂得細，故滑匙。「老人他日愛」，言其未寄來也。「正想」，亦未寄而望寄之詞。

幾道泉澆圃，交橫落幔坡。葳蕤秋葉小，隱映野雲多。隔沼連香芰，通林帶女蘿。甚聞霜薤白，重惠意如何。

舊注：「泉澆圃」，實言。「落幔坡」，喻言。謂坡中青翠如幔也。

汪瑗曰：「按：『落幔坡』，疑作『幔落坡』，與『泉澆圃』作對。謂蔬果成熟之時，交加縱橫，如幔之落於坡也。」愚意是蔬果成實，各處設幔，以防鳥雀，或遮日色者。「交橫」與「幾道」正作對。泉則幾道而來，用以澆圃；幔則交橫而設，垂落於坡。非喻言也。倒一字為「幔落坡」，汪說近憂。

「葳蕤」，衰貌。結實既多，則秋葉葳蕤而少矣。「隱映野雲多」，言疏薤之屬，鬱鬱蔥蔥，映雲而綠更多也。

「香芰」，即菱也。《武陵記》：「兩角曰菱，三角、四角曰芰。通謂之水粟。」「女蘿」，藤之附樹者。芰則隔沼而連，此沼連於彼沼，雖相隔而聞香；蘿則通林而帶，此樹纏於彼樹，合一林而俱掛也。

霜薤之白，又特舉言之。前首是索黃粱，此首是索蔬果。公神已先住矣，安得不思卜居？

從人覓小胡孫許寄

人說南州路，山猿樹樹懸。舉家聞若欬，為寄小如拳。預哂愁胡面，初調見馬鞭。許求聰慧者，童稚捧應顛。

兩粵為南州路。吳曾《漫錄》云：「題是胡孫，而詩以山猿為詞，何也？按：猴雖猿屬，性大不同。觀柳子《憎王孫》文可見。不然，猿猴古或通稱也。韓子蒼有《謝人寄小胡孫》詩云：『直疑少陵覓，未解柳州憎。』然則雖

子蒼亦以杜為錯耶？」

　　黃山谷箋曰：「禺屬惟猿猴喜怒飲食常作咳。」《崇安志》：「武夷山獼猴僅如拳。」「愁胡」，乃鷹也。胡孫亦曰愁胡。猴必畏鷹，想其面大可哂也。許而尚未寄，故曰「預」。蔡夢弼曰：「始調狔之，則用笞撻，如馬之見鞭而後行。」

　　「許求」，即許寄也。公欲求聰慧之猴，供童稚顛狂之喜。蓋聞其若咳之聲，見其如拳之狀，面則可哂，鞭亦聽調，童稚安得不捧之而顛？公曲體童稚之心如此。

秋日阮隱居致薤三十束

　　公以乾元二年夏至泰州，有《貽阮隱居》詩云：「塞上得阮生。」阮乃泰州人，名昉。

　　隱者柴門內，畦蔬繞舍秋。盈筐承露薤，不待致書求。束此青芻色，圓齊玉筯頭。衰年關鬲冷，味暖併無憂。

　　薤至秋，已非其時，人不甚食。而阮當秋日，乃致三十束於公。又，公寄佐佺詩亦有「甚聞霜薤白，重惠意何如」之句，豈秦地寒，故尚堪食耶？

　　毛詩：「生芻一束玉筯頭。」言薤根之白也。《本草》：「薤性暖，益老人。」

杜詩注解卷之三終

辟疆園杜詩注解五言律卷之四

北海畢忠吉致中甫

梁谿顧　宸修遠甫著

酬高使君

黃鶴曰：「上元元年，公初至成都，寓居於浣花溪寺。即草堂寺也。時高適為彭州刺史，以詩寄贈，公故酬之。」適詩云：「傳道招提客，詩書自討論。佛香時入院，僧飯屢過門。聽法還應難，尋經剩欲翻。草玄今已畢，此外更何言。」注云：「公寓寺中，故云『招提客』。」聽法設難，即支遁與許詢同講維摩經，互相設難也。莊子翻十二經以說老子，謂六經六緯，非佛十二部經也。其云「翻」者，委屈敷衍，非翻譯也。「草玄今已畢」，謂公自著書也。

古寺僧牢落，空房客寓居。故人供祿米，鄰舍與園蔬。雙樹容聽法，三車肯載書。草玄吾豈敢，賦或似相如。

「牢落」，言僧之落寞也。僅有空房，公故藉以寓居。供祿米者，自有故人。與園蔬者，自有鄰舍。非有籍於僧飯也。「故人」，指裴冕言。

《涅槃經》云：「世尊在雙樹間演法。」《法華經》：「三車謂牛車、羊車、鹿車也。」公云但容聽法於祇園樹下耳，無能設難也。即有三車，亦豈肯載佛書？無暇尋經也。楊雄草《玄》，終是說玄說妙，公不敢為。公曾獻三賦，才或可比擬於相如而已。「或似」云者，亦謙而不敢比擬之詞，言不敢著書，但能作賦也。遯叟曰：「不敢當楊雄，而云似相如，益謙處於授簡之客。」公詩云：「白頭受簡焉能賦，愧似相如為大夫。」

洪容齋曰：「古人酬和，必答其來意，非若今人為次韻所局，但以住腳一字相應和也。如公此詩，參錯和答，與《答岑參》同。譬之鍾磬在懸，叩之即應，往來反覆，始有餘味。」

一室

一室他鄉遠，空林暮景懸。正愁聞塞笛，獨立見江船。巴蜀來多病，荊蠻去幾年。應同王粲宅，留井峴山前。

「一室」，即草堂也。時公在蜀依裴冕，冕為結構草堂，公詩所云「經營上元始」是也。曰「一室」，明係公之室矣。卻在蜀地，則他鄉之遠也。從一室之中，遙望空林，但見落日懸於林際，故曰「暮景懸」。下塞笛起，江船泊，皆暮景也。

去秦而來巴蜀，既來而又多病，則於蜀土不宜矣。荊蠻楚地，蜀不可居，又思為楚中之遊。然一身已羈戀於此，欲去荊蠻，不知在幾何年也。

《魏志》：「王粲，字仲宣，山陽人。以京師擾亂，乃之荊州依劉表。」公自喻入蜀依裴冕也。《襄沔記》：「王粲宅，在襄陽縣西二十里峴山坡下。」《襄陽耆舊傳》：「王粲與繁欽並鄰同井。」今井現在，人呼為仲宣井。公謂我之一室應與王粲之宅同，異日去蜀之後，惟留井於此而已。言蜀斷非久居之地也。本思去蜀，反言留井。含吐蘊藉之妙，非深於詩者不知。

李蠖庵曰：「舊解謂峴山在荊州，公欲留跡於楚。」亦是。然作留井於蜀更勝。

梅雨

黃鶴曰：「當是上元元年草堂作。」

南京犀浦道，四月熟黃梅。湛湛長江去，冥冥細雨來。茅茨疏易濕，雲霧密難開。竟日蛟龍喜，盤渦與岸迴。

至德二載，以成都府為南京。上皇誥改長史為尹，視東西二京。犀浦縣屬成都。李冰常以石犀壓水怪，犀浦之名或本此。

《風土記》：「夏至雨名黃梅雨，沾衣服皆敗黦。」《埤雅》：「江湘二浙，四五月，梅欲黃落，則水潤土溽，其霏如霧，名梅雨。自江以南，三月雨謂之迎梅，五月雨謂之送梅。」唐子西云：「江南五月雨為黃梅雨。」杜詩云：「四月熟黃梅。」則蜀中梅雨在四月。柳子厚詩：「梅實迎時雨，蒼茫值晚春。」則嶺外梅雨又在春末也。陸放翁云：「今成都未嘗有梅雨，惟秋半積陰，氣令蒸溽，與吳中時相類。豈古今地氣有不同耶？」

《楚辭》：「湛湛江水兮上有楓。」又：「雷填填兮雨冥冥。」「冥冥」，細雨也。湛湛長江從犀浦道而去，冥冥細雨因黃梅熟而來，二句分承上聯，卻無

痕跡。不然，首句「道」字無著落矣。

茅茨既疏，遇黃梅細雨更易濕；雲霧既密，當長江湛湛更難開。極言雨細霑濕，卻寫出一片水勢，故蛟龍為之喜躍。水之盤聚而迴洑者，至與岸相迴旋也。郭璞《江賦》：「盤渦谷轉，凌濤山頹。」

此賦黃梅之雨，然非與長江相連，則終日欝蒸，非有傾注之勢，安能使蛟龍喜，渦岸迴？惟雨勢不已，江水漲發，故雖濕茅茨之細雨，而欝淳之氣蒸布於江水之間，釀成一片陰黑。公所以惡濕而不欲久留也。極言雨大便非。

為農

公有「南京久客耕南畝」之句。

錦里煙塵外，江村八九家。圓荷浮小葉，細麥落輕花。卜宅從茲老，為農去國賒。還慚勾漏令，不得問丹砂。

「錦里」，即錦官城也。城內多煙塵，公卜居於錦里煙塵之外，江村之間，但八九家而已。

「圓荷」、「細麥」，村家所種植也。潘邠老曰：「五言詩第三字要響。『浮』字、『落』字是響字。所謂響者，致力處也。尤妙在『圓』字、『細』字，點綴輕秀。」

於茲卜宅，則於茲為農矣；老於江村，則去國日遠矣。公豈恝然於去國哉？觀下二句可見。

晉葛洪，字稚川。年老欲煉丹砂，以祈遐壽。聞交趾出丹砂，求為勾漏令。帝以洪資高，不許。洪曰：「非欲為榮，以有丹耳。」帝從之。按：《唐志》，交州交趾郡無勾漏邑，當是從古名耳。《九域志》：「容州有古勾漏縣。」公以葛洪自比，實自傷年老，不得向君而求進。然欲問丹砂之術，非求為榮望仕，而仍有出世之意，總不欲欝欝老於蜀土耳。

有容

患氣經時久，臨江卜宅新。喧卑方避俗，疏快頗宜人。有客過茅宇，呼兒正葛巾。自鋤稀菜甲，小摘為情親。

公有肺疾，故云「患氣」。臨江卜宅，舊史所謂「結廬枕江」也。

《古詩》：「喧卑厭俗居。」江總詩：「山豁自疏快。」諸葛亮葛巾羽扇，司馬宣王歎曰：「真名士也。」

供客之菜，不惜自鋤，然尚是菜甲，故稀少。未免小摘者，以情親故也。

謝靈運《永嘉記》:「以小摘供日。」

趙汸曰:「此詩自一句順說至八句,不事對偶,而未嘗無對偶;不用故實,而自可為故實。散澹真率之態,偶而成章,而厭世避喧、少求易足之意自在言外,所以為不可及也。」

王司馬弟出郭相訪兼遺營草堂貲

王司馬,公之表弟,故曰「王司馬弟」。

客裏何遷次,江邊正寂寥。肯來尋一老,愁破是今朝。憂我營茅棟,攜錢過野橋。他鄉惟表弟,還往莫辭遙。

「次」,次舍也。「遷次」,言無定居也。《詩》:「不憖遺一老。」正當江邊寂寥,王來而愁始破也。前首小摘菜甲,或即是歟?表弟者,故曰「為情親」。此首亦八句一氣說。

田舍

田舍清江曲,柴門古道傍。草深迷市井,地僻嬾衣裳。櫸柳一作「楊柳」。枝枝弱,枇杷樹樹一作「對對」。香。鸕鷀西日照,曬翅滿漁梁。

首句概言舍之所在,則在清江之曲。次句端言門之所向,公詩所云「柴門不正逐江開」也。若不細看,未免重疊。

司馬彪曰:「九夫為井,井上有市。」《春秋井田記》:「井田之義,因井為市,交易而退,故稱市井。」公自言田舍惟草深而已,若迷市井而不見也。「地僻嬾衣裳」,言無應接之勞。

《本草衍義》:「櫸木皮,今人呼為櫸柳。然其葉謂柳非柳,謂槐非槐。」吳曾《漫錄》:「今本作『櫸柳』,非也。枇杷一物,櫸柳則二物矣。唐顧陶本作『楊柳』,『樹樹』作『對對』,其實『對對』勝『樹樹』也。」

「鸕鷀」,水鳥,善捕魚。石絕水為梁。以竹為笥,承梁之孔以取魚者。後四句言田舍中之所有,景在其中,公聊以自樂也。

西郊

時出碧雞坊,西郊向草堂。市橋官柳細,江路野梅香。傍架齊書帙,看題檢一作「減」。藥囊。無人覺來往,疏懶意何長。

梁《益州記》:「成都之坊,百有二十。第四曰碧雞坊。」《前漢·王褒傳》:「方士言益州有金馬碧雞之寶,可祭祀而致。宣帝使褒往祀。」《音義》曰:

「金形似馬，碧形似雞也。」

《寰宇記》：「市橋在益州西四里。」常璩云：「石牛門曰市橋，石犀潛於此橋淵中。」李膺《益州記》云：「中星橋，蓋市橋也。在今成都縣西南。」《後漢書注》：「市橋即七星橋之一橋也。」

「帙」，書卷編次也。或曰書衣。「題」，藥名也。看題而檢囊中之藥孰有孰無也。一作「減」，謂減去無用之藥，似非。

王荊公《鍾山語錄》：「老杜之『無人覺來往』，下得『覺』字大好。『暝色赴春愁』，下得『赴』字大好。若下『見』字、『起』字，是小兒語。足見吟詩要一字兩字工夫。」甘焦《示人》曰：「夕泣已非疏，夢啼真大數。唯當枕上知，過此無人覺。」

此公自言從錦官城而出，又從碧雞坊向西郊而歸草堂，途次因見柳細梅香。及到堂中，齊書檢藥，自適己意而已，無人覺我之來往，故得遂其疏懶之意也。「來往」二字應首聯「出」字、「向」字。此詩亦八句一氣說。

江漲

江漲柴門外，兒童報急流。下床高數尺，倚杖沒中洲。細動迎風燕，輕搖逐浪鷗。漁人縈小楫，容易拔一作「捩」。船頭。

江漲則流急，兒童來報，公即下床。水已高數尺矣。倚杖而觀，中洲已沒。想見忽然水漲，公從睡中驚醒，殊出不意。《爾雅·釋水》：「中可居者曰洲。」

漲勢本大，反曰「細」、曰「輕」，寫出漲水時急時緩，鷗燕之性情俱見。

漁人乘江之漲，縈楫以捕魚。「容易拔船頭」，若為戲詞，亦見江水寬而漁人樂。

雲山

京洛雲山外，音書靜不來。神交作賦客，力盡望鄉臺。衰疾江邊臥，親朋日暮迴。白鷗元水宿，何事有餘哀。

是年羌渾、党項寇涇隴，史思明入東都，故京洛皆擾。公自言流客雲山之外，長安洛陽相去遙隔，平日相知無以尺書相慰者，所謂「厚祿故人書信絕」也。

「作賦客」，指班、張言。長安則班固所謂西都，張衡所謂西京；洛陽則班固所謂東都，張衡所謂東京。望京洛之音書而不來，惟於賦中想見而已。昔山濤與阮籍為神交，言不涉形跡，惟以神相交也。《成都記》：「望鄉臺，隋蜀

王秀所築。」《益州記》:「昇仙橋,夾路有二臺:一曰望鄉臺,在縣北九里。」公之故鄉在京洛,在蜀望鄉,不覺力盡也。「神交」、「力盡」,開合展轉,盡是無可奈何。

「親朋」,成都之親朋也。公以衰疾臥江邊,而親朋偶一來看,至日暮則俱回矣,江外不能留客也。京洛故人之書既絕,成都親朋之訪又稀,公之寥落亦甚矣。

末二句又作自慰之詞。曰我性本同鷗鳥,水宿原屬故常,何必作此哀吟也?上六句皆可哀之事,至此自悲,而還以自寬,猶云今日固應如是耳。江湖之老,胡為亦念國之切耶?

秦甲先曰:「故為緩語,彌覺情深。觀『何事』二字,尤見無可奈何處。」

遣興

干戈猶未定,弟妹各何之。拭淚沾襟血,梳頭滿面絲。地卑荒野大,天遠暮江遲。衰病那能久,應無見汝期。

通首是憶弟妹,憶而淚霑,憶而頭白,然地荒天遠,身又衰病,應無見汝之期矣。題曰《遣興》,展轉不能自遣。

散愁二首

黃鶴曰:「此詩當是乾元二年初入蜀時作。」錢牧齋曰:「此詩作於上元元年。」

久客宜旋旆,興王未息戈。蜀星陰見少,江雨夜聞多。百萬轉深入,寰區望匪他。司徒下燕趙,收取舊山河。

前四語久客之歎,愁所由來也。後四語喜而望之之詞,所以散愁也。

公在蜀,時值陰,故見星少。既是江雨,又是夜聞,所以益覺其多。

黃鶴曰:「乾元二年三月,九節度師潰,惟李光弼、王思禮軍獨完,尋破史思明別將萬餘眾。」按史:七月,以李光弼為朔方節度使、兵馬元帥。八月,為幽州長史、河北節度,以敗賊將留希德,及收清夷橫野等軍,加檢校司徒。史又云:光弼急攻趙,一日拔之。所云「深入」也。

錢牧齋曰:「當是上元元年光弼勝河陽之後,所謂『司徒下燕趙』,深喜而厚望也。亦屬未然之事,故下首云『幾時通薊北』。」

「百萬轉深入」即「司徒下燕趙」也,「寰區望匪他」即望「收取舊山河」也。第三聯喚起第四聯,第四聯結上第三聯,又是一格法。

聞道并州鎮，尚書訓士齊。幾時通薊北，當日報關西。戀闕丹心破，霜衣皓首啼。老魂招不得，歸路恐長迷。

前四語深望之尚書，所以散愁也。後四語望極而轉愁，愁仍不能散也。

「并州」，太原也。按史：乾元二年，以王思禮為太原尹、北京留守、河東節度使，貯軍糧百萬，器械精銳。黃鶴曰：「思禮以收東京，戰數有功，遷兵部尚書。而舊史云：『遷戶部尚書。乾元二年，光弼徙河陽，以思禮代為河東節度，治太原，持法嚴整，士不敢犯。』」故曰：「聞道并州鎮，尚書訓士齊。」按：王思禮於上元元年四月進位司空。公《八哀詩》司空王公是也。上元二年五月，思禮卒。此止稱尚書，知此詩在乾元二年作。愚考上元元年，李光弼破賊於懷州河陽，郭子儀統諸道兵，自朔方取范陽，為魚朝恩所沮，故范陽、盧龍等處安史巢穴，時尚未通。長安以西，望報甚速。此言報捷關西，仍是深望而未然之事，故牧齋先生之說為是。

公丹心戀闕，且望而欲破，至皓首霜衣而啼。誠恐魂魄不能返故里，致長迷於他鄉耳。公無日不思長安，後四語情見乎詞。

前首先言不得歸，後則望之司徒。此首先望之尚書，後復言不得歸。題曰《散愁》，蓋欲歸而不得歸，故愁不得歸，而至於長迷，故愈愁誰能為我散愁者，其惟司徒尚書乎？其致意於二公者深矣。

奉酬李都督表丈早春作

俗本作「表文」，誤。

力疾坐清曉，來詩悲早春。轉添愁伴客，更覺老隨人。紅人桃花嫩，青歸柳葉新。望鄉應未已，四海尚風塵。

「力疾」，扶病而起也。公初至蜀，云「巴蜀來多病」，又云「患氣經時久」，又云「衰病江邊臥」，又云「老病人扶再拜難」，可見公此時正當抱疾。「清曉」，來詩之時。「悲早春」，來詩之旨也。

業已愁矣，見李之悲，愈添愁也。業已老矣，見春之早，更覺老也。桃紅柳青，早春之景，李詩所悲者正在此。

末二句，公之愁、李之悲情俱可見，蓋直說破來詩、答詩之本意。

村夜

風色蕭蕭暮，江頭人不行。村舂雨外急，鄰火夜深明。胡羯何多難，漁樵寄此生。中原有兄弟，萬里正含情。

江頭色暮，且蕭蕭風起，則人自不行矣。村舂之聲，與雨聲相間，雨急而舂更急，是舂聲在雨外也。鄰家之火，當此夜深尚明，想因夜舂之故。此四句村夜之景。

「胡羯」，指安史之亂。公自分寄此生於漁樵，但念兄弟各天，含情無限耳。此四句村夜之情。

可惜

花飛有底急，老去願春遲。可惜歡娛地，都非少壯時。寬心應是酒，遣興莫過詩。此意陶潛解，吾生後汝期。

「有底急」，謂有底事而飛之急也。公年已老，欲其遲，不欲其急。今急既不能留，則惟歎息歡娛，回首少壯而已。庶幾酒以寬之，詩以遣之。昔日陶潛能解寬心遣興之意，惜乎吾之生不與彼同時也。八句一氣說。

落日

落日在簾鉤，溪邊春事幽。芳菲緣岸圃，樵爨倚灘舟。啅雀爭枝墜，飛蟲滿院遊。濁醪誰造汝，一酌一云「酌罷」。散千憂。一云「一酌罷人憂」。

「在簾鉤」，見落日低斜，即所云「夕陽薰細草，江色映疏簾」也。謝茂秦曰：「五言律首句用韻，宜突然而起。子美『落日在簾鉤』是也。」「溪」，浣花溪也。當此日落之時，溪邊春事幽閒最勝，即中二聯所云也。

芳菲之圃，緣岸而成；樵爨之舟，倚灘而泊。啅雀晚宿，爭枝而墜；飛蟲晚出，滿院而遊。皆落日時偶然所見。唐詩：「鬥雀翻簷散，驚蟬出樹飛。」又：「鬥雀墜閒庭。」宋梅聖俞詩：「懸蟲低復上，鬥雀墜還飛。」俱本此。

《酒經》：「醪，汁滓也。」《東方朔別傳》：「武帝幸甘泉，長平阪道中有蟲，赤如肝，頭目口齒悉具。朔曰：『此謂怪氣，是必秦獄處也。夫積憂者，得酒而解。』乃取蟲置酒中，立消。」「一酌散千憂」，正此意也。

獨酌

步屧一作「履」。一作「倚仗」。深林晚，開樽獨酌遲。仰蜂黏落絮，一作「蕊」。行戶郎切。蟻上枯梨。薄劣慚真隱，幽偏得自怡。本無軒冕意，不是傲當時。

步屧至深林，則靜無人矣。深林又當晚，益靜無人矣。遂開樽而獨酌，獨酌而又遲，故閑暇之甚，物之細微，皆一一可供閒玩。

　　既見蜂之仰，又見其黏落絮；既見蟻之成行列，又見其上枯梨。皆深林中景也。范公偁《過庭錄》云：「范忠宣見別本，乃『倒蟻』也。『倒』字義更妙。」

　　「薄列」，自愧之詞。謝靈運詩：「彼美丘園道，喟然傷薄列。」隱有真有假。如杜淹之隱嵩山，徼求利祿，此仕途之捷徑耳。宋何尚之致仕方山，為《退居賦》以明所守，後還攝職。袁淑乃錄古來隱士有跡無名者為《真隱傳》以嗤焉。公正自慚不能為真隱也。草堂之勝既幽且偏，聊自怡悅耳。

　　《莊子》：「今之所謂得志者，軒冕之謂也。」軒冕在身，物之倘來寄者也。公意本無志於軒冕，不是借隱名以傲當時也。趙汸曰：「結用反語自釋，與下『敢論才見忌，實有醉如愚』意同。」

徐步

　　整履步青蕪，荒庭日欲晡。芹泥隨燕觜，花蕊上蜂鬚。把酒從衣濕，吟詩信仗扶。敢論才見忌，實有醉如愚。

　　整履而步，便見徐步。步不出荒庭之中。徐步之時，則日已欲晡也。《淮南子‧天文訓》曰：「日至於悲谷，是謂晡時。」

　　既見燕觜銜泥，且見其為芹泥；既見蜂之鬚，且見蜂鬚之上有花蕊。若非徐步，何由見出？

　　於時手則把酒，步雖徐也，而意不在酒，任酒之沾衣而濕；口則吟詩，步雖徐也，而猶須仗扶，信杖之徐徐而吟。

　　「才見忌」應上「吟詩」，「醉如愚」應上「把酒」。公之才實為人所忌，惟有一醉如愚而已。

　　《嬾真子》曰：「古人吟詩，絕不草草。至於命題，各有深意。老杜《獨酌》詩云：『步屨深林晚，開樽獨酌遲。仰蜂黏落絮，行蟻上枯梨。』《徐步》詩云：『整履步青蕪，荒庭日欲晡。芹泥隋燕觜，花蕊上蜂鬚。』且獨酌則無獻酬也，徐步則非奔走也，以故蜂、蟻之類，細微之物，皆能見之。若與客對談，或急趨而過，則何暇致詳至是？僕嘗以此問諸舅氏，舅氏曰：『《東山》之詩，蓋嘗言之。伊威在室，蠨蛸在戶。町畽鹿場，熠耀宵行。此物尋常亦有之，但人獨居閒處時，乃見得親切耳。杜詩之原出於此。』」

高柟

　　柟樹色冥冥，江邊一蓋青。近根開藥圃，接葉製茅亭。落景險猶合，

微風韻可聽。尋常絕醉困，臥此片時醒。

楠樹葉似桑，子似杏而酸。俗作楠。《爾雅》云：「梅，楠。」按：公有《楠樹為風雨所撥歌》云：「倚天楠樹草堂前」，則可知其高矣。又云：「浦上童童一蓋青」，則可知其色冥冥矣。王洙曰：「劉先生所居籬角一樹，遠望若車蓋。」「一蓋」取義於此。

「開藥圃」，見樹根之大，言其下可種藥成圃也。茅亭結於其間，取其陰也。

景與影同，其落下之影猶如一片之陰，則本枝之濃茂可知。高能迎風，故枝葉鏗鏘作韻。庇其陰，領其聲，真可忘憂消酒也。此楠永泰初為風雨所撥，宜公有深歎焉。

惡樹

獨遶虛齋徑，常持小斧柯。幽陰成頗雜，惡木剪還多。枸杞因一作「固」。吾有，雞棲奈汝何。方知不材者，生長漫婆娑。

虛齋之徑，無事此惡樹，而彼獨遶焉。惡其礙徑路，故急持斧以伐之。伐而又生，故常持也。

「幽陰」句承首句，「惡木」句承次句。《管子》：「士懷耿介之心，不蔭惡木之枝。」陸士衡云：「熱不息惡木蔭。」

《本草》：「枸杞，春夏採葉，秋採實，冬採根。」為惡木遮蔽，不能遂其生。今經剪伐，因為吾有矣。惡木僅可供雞棲，既盡伐去，將棲息，奈何？借枸音與雞對，又借杞音與棲對，此假對法也。

《莊子》：「此木以不材得終其天年。」「生長漫婆娑」，言其生而無用也。

前詩木之材者，雖撥於風雨，猶憐惜而歌之。此詩木之不材者，雖幽陰自成，常操柯而伐之。材不材之間，士審所以自處哉！

石鏡

蜀王將此鏡，送去置空山。冥寞憐香骨，提攜近玉顏。眾妃無復歎，千騎亦虛還。獨有傷心石，埋輪玉宇間。

《華陽國志》：「成都有一丈夫，化為女子，美而豔，蓋山精也。蜀王開明，納為妃。不習水土，欲去。王必留之，乃為東平之歌以樂之。無幾，物故，蜀王哀念，遣五丁力士之武都擔土，為妃作冢，蓋地數畝，高七丈，上有石鏡。今成都井角武簷是也。」《寰宇記》：「冢上有石，圓五寸，徑五寸，光極瑩徹，

號曰石鏡。王見悲悼，遂作臾邪之歌、龍歸之曲。」「龍歸」，一作「就歸」。
今都內及毗橋側有一折石，長丈許，云是五丁擔土擔。

謝惠連《祭古冢文》:「號為冥寞君，提攜近玉顏。」言以此鏡表其墓，猶
提攜此鏡而近玉顏也。

眾妃昔因崇寵此女，故咸歡怨。今已送死空山，無復嗟恨矣。「千騎」，送
葬之千騎也。

王見此石而悲，故云「傷心石」。眾妃咸在，千騎亦還，獨此石圓如輪，
埋於空山之間，其瑩徹照耀，如一片玉宇，王所以哀念無已耳。

琴臺

茂陵多病後，尚愛卓文君。酒肆人間世，琴臺日暮雲。野花留寶靨，
蔓草見羅裙。歸鳳求凰意，寥寥不復聞。

相如有消渴疾，不樂仕進。既病免，家居茂陵。「尚愛卓文君」，言多病而
猶愛之，好色之甚也。

《人間世》，《莊子》篇名。相如盡賣車騎，置一酒舍，令文君當壚，親自
滌器，有玩世肆志之意焉。《益部耆舊傳》:「相如宅在少城中笮橋下，宅中有
琴臺。」《成都記》云:「在浣花溪之海安寺南。今為金花寺。元魏伐蜀，下營
於此。掘塹，得大甕二十餘口，蓋所以響琴也。隋蜀王秀更增五臺，併舊為
六。」江淹詩曰:「日暮碧雲合，佳人殊未來。」傷不見其人也。

王子敬論人物，謂「井丹高潔，未若相如慢世」。此言固長卿千秋知己。
公卻只以「酒肆人間世」五字概括，尤為入妙，隱然有齊物我、忘得喪之意。
然則上林奏賦，一酒肆也;守令負弩，一酒肆也。開筇棘，老文園，諫獵疏，
封禪書，與犢鼻壚邊、琴心坐上種種不殊，皆禪家打鼓弄琵琶伎倆耳。此中有
大悟門，莫草草看過。

「靨」，頰輔也。睹花之容，如留其寶靨。《詩·野有蔓草》，睹草之色，
如見其羅裙也。其實野花蔓草與文君奚與？今所留所見惟此，較酒肆琴臺故跡
更不相關，而二語中隱有一文君在焉。公詩所以獨絕也。

徐陵《玉臺新詠》載相如《琴歌》曰:「鳳兮鳳兮歸故鄉，遨遊四海求其
凰。」借相如之歌，以歎其不復聞，弔古之懷具見。

龔芝麓曰:「按:公詩有云:『石鏡通幽魄，琴臺隱絳唇。』知此二詩乃一
時作也。蜀王與相如皆好色之尤者，死而益憐，病而尚愛，然空山埋骨，野草
留容，紅顏黃土，自昔所歎。幸而石鏡尚存，琴臺猶在，婆娑故跡，足供千古

詩人憑弔。其實冥寞,傷心求凰,不見千古之為蜀妃、文君者何限。得公此詩,乃知情之所鍾,正在我輩。」

聞斛斯六官未歸

斛斯六,名融。按:公《江畔尋花》詩自注云:「斛斯融,吾酒徒也。」公有《過故斛斯校書莊》詩,自注云:「老儒艱難,病於庸蜀,歎其沒後方授一官。」則題中「官」字,應是求官未歸也。

故人南郡去,去索作碑錢。本賣文為活,翻令室倒懸。荊扉深蔓草,土銼冷疏煙。老罷休無賴,歸來省醉眠。

洪容齋《隨筆》曰:「作文受謝,自晉、宋以來有之,至唐始盛。《李邕傳》:『邕尤長碑頌。中朝衣冠及天下寺觀,多齎持金帛,往求其文。受納饋遺,至於鉅萬。時議以為自古鬻文獲財,未有如邕者。』故杜詩云:『干謁滿其門,碑版照四裔。豐屋珊瑚鉤,騏驎織成罽。紫騮隨劍幾,義取無虛歲。』又有《送斛斯六官》詩云:『故人南郡去,去索作碑錢。本賣文為活,翻令室倒懸。』蓋笑之也。」《留青日札》云:「楊雄家產不過十金,無擔石之儲。其作《法言》,蜀賈齎錢十萬,原載於書,子雲卻之,目為羊鹿。若韓退之譽墓中人得金,視圈鹿闌羊何如也?故杜甫云:『本賣文為活,翻令室倒懸』,有深意矣。」愚按:《唐史拾遺》:「斛斯融,字子明,尤工碑銘。四方以金帛求其文者,歲不減十萬。隨得隨費,室人至貧窶不給。」故曰「本賣文為活,翻令室倒懸」。此道其實也。洪容齋以為譏笑,田藝衡又以為斛斯不肯輕譽墓中人,子美贊之有深意,俱非確論。

黃維章曰:「此等考核,足破從來憒憒。若非隨得隨費之事實可據,則『老罷休無賴』一語茫不可解。」

吳若本注:「蜀人呼釜為銼。」《困學記聞》云:「老杜多用方言,如岸溉、土銼,乃黔蜀人語。」黃鶴注曰:「銼,瓦鍋也。」「荊扉深蔓草,土銼冷疏煙」,所謂「室倒懸」也。

結二語,公深戒之,謂其所得十萬,隨得隨盡,此少年無賴之事。今老且罷矣,無如少年之無賴可也。勸其速歸,又勸其節飲以圖足用,具見公與子明相知相愛之誼。

遊修覺寺前遊

野寺江天豁,山扉花竹幽。詩應有神助,吾得及春遊。逕石相,一

作「深」。**縈帶，川雲自**一作「晚」。**去留，禪枝宿眾鳥，漂轉暮歸愁。**

江與天祭，故豁。然非寺野，莫見其豁。花與竹映，故幽。然惟山扉，乃覺其幽。每句意三層，下字不苟。

《南史》：「謝惠連年十歲，能詩。其族兄靈運嘉賞之。嘗於永嘉西堂吟詩不就，忽夢見惠連，即得『池塘生春草』之句，云：『此語有神助，非吾語也。』」按：公詩：「讀書破萬卷，下筆如有神。」又曰：「文章有神交有道。」又曰：「詩成覺有神。」此又云：「詩成有神助。」蓋公自言詩已入神，然猶屬謙詞，尚有賴於神也。至稱太白，則曰「落筆驚風雨，詩成泣鬼神」，殆神有不得而與者矣。考公以乾元二年季冬至成都，今當上元元年之春，故曰「吾得及春遊。」

「徑石」，山扉之徑石也。「縈帶」，言徑路迂繞。此為「山扉」句點出「幽」字之景。「川雲」，江天之川雲也。自去自留，莫有定在。此為「江天」句寫出「豁」字之神。映轉首聯，章法奇絕。

庾信作《周新州安昌寺碑》：「禪枝四靜，慧窟三明。」公於佛寺，多用佛書，斯為當體。孟浩然詩：「禪枝怖鴿棲。」公正在春遊之際，忽見禪枝棲鳥，便起愁思，言鳥尚有棲宿，吾之漂泊輾轉，暮安所歸，可以人而不如鳥乎？

後遊

寺憶曾遊處，橋憐再渡時。江山如有待，花柳更無私。野潤煙光薄，沙暄日色遲。客愁全為減，捨此復何之。

首二句明言再遊，當是及春兩遊也。「如有待」，謂待吾之再來。「更無私」，凡遊者皆得見之也。胡震亨曰：「似言窮愁者皆得賞也。」

「野潤」、「沙暄」，寫出春色之麗。遍野如潤，則煙光為之薄矣；沙亦為暄，則日色之去遲矣。舊解謂日被沙掩，其出甚遲，謬甚。

前首云「漂轉暮歸愁」，是傷漂泊無歸而愁也。此云「客愁全為減」，前遊何以增愁，後遊又何以減愁，此正公深於言愁也。前既羨禪枝之宿鳥得其所棲，吾反鳥之不如。茲遊也，吾亦歸於寺而已，故曰「捨此復何之」，言吾之所以愁者，因無所歸宿而愁。今既得寺以為歸，吾之客愁亦全減矣。

畢致中曰：「看結語五字，非以歸寺為樂，但非寺無歸耳。客況如此，欲不愁，得乎？」

朝雨

涼氣曉蕭蕭，江雲亂眼飄。風鳶藏近渚，雨燕集深條。黃綺終醉漢，巢由不見堯。草堂樽酒在，幸得過清朝。

此賦秋雨也。庾信詩：「驚花亂眼飄。」首二句先以將雨之氣候為言。

鳶無風故藏，燕避雨故集。二鳥因雨至，故朝尚未出也。

夏黃公、綺里季辭漢而隱於商山。巢父聞許由為堯所讓，曰：「何不隱汝形，藏汝光？」由悵然不自得，乃過清冷之水洗其耳。公自喻遭世亂，不能如四公之高隱也。鳶亦知藏，燕亦知集，況古之高人逸士乎！

「清朝」，早晨也。草堂樽酒，聊以自遣。後四句本無關於雨，乃對雨所感之懷耳。趙汸曰：「亂亡之世，朝不謀夕，但以對樽酒、度清朝為幸，又安得上比古人也。」

晚晴

村晚敬風度，庭幽過雨霑。夕陽薰細草，江色映疏簾。書亂誰能帙，盃乾自可添。時聞有餘論，未怪老夫潛。

驚風已度，過雨又霑，是雨已沾足矣。宜晴而晴，故詠晚晴，誌喜也。

《別賦》：「陌上草薰。」首聯先言風雨，次聯乃寫晚晴景色。因風急，故書亂，不能整其卷帙。汪瑗曰：「此聯猶『讀書難字過，對酒滿壺傾』之意。」按：公嘗自謂「讀書破萬卷，下筆如有神」，又曰「讀書難字過」，又曰「傍架齊書帙」，又曰「書亂誰能帙」，蓋「破萬卷」、「齊書帙」，正言之也；「難字過」、「誰能帙」，反言之以見疏懶之性，有激而云也。可見公於書酒，未忍一日釋手。

相如《子虛賦》：「願聞先生之餘論。」後漢王符著《潛夫論》。公自言隱居著書，往往議論有餘而不足以傚用，故難怪老夫之終潛也。舊解云：頗聞外人有餘論於我，然莫怪我之終潛。甚陋。

前四句，晚晴之景。後四句，晚晴所感之懷。與前同格。

寄楊五桂州譚

公自注：「因州參軍段子之任。」黃鶴曰：「即廣川段功曹也。」楊五參軍將自桂徙廣，段子從之，故後有《廣川段功曹到得楊五長史書復寄之詩》，當是上元元年在成都作。〔註1〕

〔註1〕《補注杜詩》卷二十一《寄楊五桂州》：「鶴曰：『桂州，唐屬嶺南道中都督府。詩云：江邊送孫楚。指段子為功曹而云，當是上元元年在成都作。』」

五嶺皆炎熱，宜人獨桂林。梅花萬里外，雪片一冬深。聞此寬相憶，為邦復好音。江邊送孫楚，遠附白頭吟。

《前漢・張耳傳》：「南有五嶺之戍。」顏師古曰：「西自衡山之南，東窮於海。一山之限耳，而標名則有五焉。」陸德明《南康記》曰：「大庾梅嶺、桂陽騎田嶺、九真都龐嶺、臨賀萌浩嶺、始安越城嶺，是為五嶺。」《秦紀》：「始皇略地為桂林郡。」韋昭注：「今鬱林是也。」《山海經》：「桂林八樹，在賁禺東。」《注》：「八樹成林，言其大也。」《寰宇記》：「離水，一名桂江。江源多桂，不生雜木。」黃鶴曰：「桂州雖居嶺外，然隸荊州之零陵，非秦漢時桂林。故白樂天云『桂林無瘴氣』，公所云『宜人』也。」

蔡夢弼曰：「大庾嶺謂之梅嶺，去長安萬里。昔范蔚宗與陸凱相善，自江南寄梅花一枝，詣長安，與蔚宗詩曰『折花逢驛使，寄與隴頭人。江南無所有，聊贈一枝春』是也。」嶺南無雪，獨桂州有之。范成大曰：「靈州興安之間，兩山蹲踞，中容一馬，謂之嚴關。朔雪至關輒止。大盛，則度關至桂州城下，不復南矣。北城舊有樓，曰雪觀，所以誇南州也。」

「聞此」合上四句言。桂獨宜人，有梅有雪，庶免炎熱之毒。公所以寬相憶之懷也。況為邦多善政，邦人稱美而得好音乎？《詩》：「懷我好音。」

晉孫楚嘗為驃騎將軍、石苞參軍。公以比段子也。公每以己詩為白頭吟，言老而吟詩也。因送段子，聊附此詩耳。

赴青城縣出成都寄陶王二少尹

《唐志》：「成都府有少尹二人，從四品，掌貳府州之事，歲終則更次入計。」此當是上元元年作。

老被樊籠後，一作「老恥妻孥笑」。貧嗟出入勞。客情投異縣，詩態憶吾曹。東郭滄江合，西山白雪高。文章差底病，回首興滔滔。

公自嗟臨老受樊籠之困，今之赴青城，亦不得已而為此役也。惟貧，故有此出入之勞耳。

「投異縣」，言赴青城也。憶與二少尹賦詩為樂，意不欲作客青城耳。

王洙曰：「蜀城之東，二水合流而南下，土人謂之合水。西山近接松維，上有積雪，經夏不銷。」《元和郡國志》：「青城縣因山為名。垂拱二年，改為蜀州。開元十八年，仍為青城。大江經縣北，去縣二里。」《寰宇志》：「旁便山，在縣西。與青城山連接，溪谷深邃，夏積冰雪。」此即江山險阻，以見出

入之勞，而景在其中。

「文章差底病」，邵二泉注云：「差，校擇也。底，亦病也。」文章校擇，亦何所病？解甚謬。劉須溪曰：「猶云文章濟甚事耳。」注瑗曰：「猶言詞賦工無益也。」「差底病」三字終未解明。錢牧齋曰：「《匡謬正俗》云：『俗謂何物為底。』此本言『何等物』，其後遂省『何』字，直云『等物』耳。底，丁兒反。等字，本音都在反，轉音丁兒反。今吳越之人呼等字皆丁兒反。應璩詩云：『用等稱才學，往往見歎譽。』此言譏其用何等才學見歎譽而為官乎？以是知去『何』而直言『等』，其來已久。今人不詳根本，乃作『底』字，非也。或云『差底病』，猶言差得何病也。」黃鶴曰：「雖有文章，可差得病乎？」以「差」字作「愈」字解。俱未通曉。愚按：差者，不齊之意，猶何也。差底，猶言何等。陶、王想亦詩流，公既漂泊在蜀，陶、王亦僅為微官，猶之未仕也。「文章憎命達」，公嘗言之。今公與二尹命俱不達，或以為文章病，公言不知文章何等病耶？回首望二子，興自滔滔。蓋以詩道相誇之辭，謂世人則以為病，而吾曹之興固自滔滔也。如此解，詩意始出。舊解「興滔滔」，猶言恨無窮，歎文章無補於老役貧勞，更謬。

陳鶴奇曰：「愚意『差』字當屬助語，謂文章亦何病耳。『興滔滔』三字，公詩所稱『意愜關飛動，篇終接混茫』也。其感慨顧盼處，尤在『回首』二字。修遠解信稱獨得。」

野望因過常少仙

黃鶴曰：「少仙應即常徵君。公詩云：『徵軍晚節傍風塵。』當是晚年出仕者。此詩上元年在青城作。」

錢牧齋曰：「隨筆載縣尉為少公，予後得晏幾道叔原一帖，與通叟少公者，正用此也。杜詩《過常少仙》，蜀本注云：『應是言縣尉也。』縣尉謂之少府。而梅福為尉，有神仙之稱。『少仙』二字，猶今俗呼仙尉、仙吏也。」槎乘曰：「『少仙』二字別無所據，或是王喬為仙令，則尉亦可稱少仙。」若以仙尉得名，於「少」字似無義耳。

野橋齊度馬，秋望轉悠哉。竹覆青城合，江從灌口來。入村樵徑引，嘗果栗皴俗本作「園」。**開。落盡高天日，幽人未遣回。**

黃鶴曰：「蜀多以竹為橋，參差不齊。惟野橋齊，故可以度馬也。」汪瑗曰：「起言野望，秋以紀時。『齊度馬』，似有同行者。」汪說為勝。

《元和郡國志》：「灌口山在彭州導江縣西北二十六里。蜀州東北至彭州一百二十里。漢文翁穿湔江灌溉，故以灌口名。」此聯野望之景。

按：「栗皺」，俗本俱作「栗園」。《西溪叢話》：「或作『雛』字，殊不可解。《集韻》：『皺，側尤切。』《漢上題襟》：『周繇詩云：開栗戈之紫皺。』貫休云：新蟬避栗皺。又云：栗不和皺落。即栗蓬也。」蔡夢弼曰：「『皺』當作『皵』，皮裂也。」入山樵徑引，言公訪常。嘗果栗皵開，言常歖公。幽人，少仙也。至日落高天而猶未肯遣回，見常之愛客也。

題曰「野望」，曰「因過」，此蓋與友人同出遊，偶然乘興訪之，故前四句是「野望」，後四句是「因過」，截然各分，又是一格。

出郭

舊注謂從青城出郭還成都。

霜露晚淒淒，高天逐望低。遠煙鹽井上，斜景雪峰西。故國猶兵馬，他鄉亦鼓鼙。江城今夜客，還與舊烏啼。

天本高也，因霜露之氣所掩，遂覺其低。下二句正「逐望」所見。

蜀有鹽井。「遠煙」，謂煮鹽也。「雪峰」，即西山也，上有積雪，經夏不消。

故國他鄉，干戈滿地，公直無處可歸，還守江城，與舊烏共夜啼而已。「與」字妻〔註2〕絕。伴公啼者，惟有夜烏，較「水宿鳥相呼」更為慘淡。

奉簡高三十五使君

時適由彭州刺蜀州，公時在蜀。《年譜》云「上元元年，間嘗至蜀州之青城新津」是也。

當代論子才，如公復幾人。驊騮開道路，鷹隼出風塵。行色秋將晚，交情老更親。天涯喜相見，披豁對吾真。

《舊唐書》：「有唐以來，詩人之達者，惟適一人而已。」

公《贈鮮于京兆》曰：「驊騮開道路，鶗鴂離風塵。」《贈嚴閣老》曰：「蛟龍得雲雨，鶗鴂在秋天。」每以比擬詩人之才。此謂高既係才子，又居高位也。

「行色」，公自言在蜀州，將歸成都也。「交情老益親」，公深有望於高。既喜天涯相見，不敢不盡披衷曲以道吾真也。

按：高為詹事時，公謫華州。寄詩曰：「時來知宦達，老去莫情疏。」蓋譏其忘舊。及此相見，而又喜其交情之親，故曰「披豁對吾真」。蓋譏其情疏則直言「情疏」，喜其情親則直言「情親」。非披豁胸襟之真率，不能作此語。

和裴迪登新津寺寄王侍郎

公自注：「王時牧蜀。」錢牧齋曰：「王侍郎，舊注以為王縉。考縉傳，未嘗牧蜀。注家因裴迪而附會也。」蔡夢弼曰：「時縉班春蜀州，蓋在高適之後，豈縉本傳偶有遺失耶？」

按《宰相世系表》，裴迪出洗馬裴天常之後。王維集中裴十秀才迪是也。輞川荊棘，迪乃從縉劍外。李膺《益州記》云：「皂里江津之所曰新津寺。」《周地圖記》云：「閔帝元年，於此立新津縣，屬蜀州。」

何限一作「恨」。倚山木，吟詩秋葉黃。蟬聲集古寺，鳥影度寒塘。風物悲遊子，登臨憶侍郎。老夫貪佛日，隨意宿僧房。

「何限」，時本皆作「何恨」。按：黃鶴、蔡夢弼本皆「何限」也。言裴迪倚山木而吟詩，有無限之感也。山木之葉，遇秋而黃，時尚有蟬聲，何耶？蟬聲是夏景，寒塘是冬景，吟詩又值秋黃，此際感慨，真何限也！

「風物」即上二聯中風景物類也。迪從侍郎遊，未免遊子之悲。而登臨之際，惜不與侍郎同，故憶之。

蔡夢弼曰：「古詩：『貪佛不如貪僧。』」《金光明經》云：「佛曰大悲，滅一切闇。」又曰：「佛日輝耀，放千光明。」「僧房」，即新津寺之僧房也。黃鶴曰：「成都雖有新津橋，而蜀中有新津縣。公有《和裴迪蜀州東亭》詩，則寺在蜀州無疑矣。」蜀州至成都纔百里，宜可以唱和。是公暫如新津，與裴同登此寺，故即宿僧房也。曰「隨意」，便見暫宿之意。舊注云：「公時寓居浣花溪寺，故有此結。」是誤以新津寺為在成都也。

題新津北橋樓得郊字

望極春城上，開筵近鳥巢。白花簷外朵，青柳檻前梢。池水觀為政，廚煙覺遠庖。西川供客眼，惟有此江郊。

此詩當是與仕於蜀州者同登，而仕者為主人，公與分韻而賦也。樓在城之上，登樓而望，望極其遠。樓上開筵，直與鳥巢相近。白花之朵，則在簷外；青柳之梢，則在檻前。總形容樓之高，開筵得其勝地也。

俯而觀池水，可以見仕者之為政，言其澄清不撓也。蔡夢弼曰：「昔顧子與子華子游。顧子曰：『我得汝於池上矣。』」公用此意。開筵於野外，又在樓之極高處，自與庖廚相遠，亦見仕者之不俗。

「西川」，合蜀川而言。誰地不供客眼，惟有此江郊之勝，足供賞翫也。

觀作橋成月夜舟中有述還呈李司馬

上元元年冬，在蜀州作。公有《陪李司馬江上觀造竹橋》七言律一首。

把燭成橋夜，回舟客坐時。天高雲去盡，江向月來遲。衰謝多扶病，招邀屢有期。異方乘此興，樂罷不無悲。

把燭成橋，七言律題所即日成也。橋成而李回舟，時客尚坐，見成橋之神速。天高雲盡，江迥月來，寫月夜舟中之景。

公扶病而赴李之招，且招非一次，時作客于蜀州，異方得此，可以遣興。但樂罷不能無悲。客子夜月，其懷自有不能已者。

逢唐興劉主簿弟

黃鶴曰：「莫、臺、道、遂四州俱有唐興縣，此則遂州之唐興也。天寶元年改為蓬溪。公此詩及《唐興縣客館記》俱循舊名，當是上元二年作。」

分手開元末，連年絕尺書。江山且相見，戎馬未安居。劍外官人冷，關中驛騎疏。輕舟下吳會，主簿意何如。

公與主簿別於開元之末。及主簿仕於劍南，始得相見。又戎馬方擾，官最冷落，長安消息不可得。公初到蜀，即有東下吳會之意。因問主簿：汝意以為何如？言微官不足戀，欲與之俱下也。蓋傷亂圖存，亦不得不然耳。吳會乃吳郡與會稽也。齊高帝詔吳會二郡以□□褚伯玉可證。

敬簡王明府

《後漢‧張湛傳》「明府」《注》：「郡守所居曰府。府者，尊高之稱。」《前漢書》：「韓延壽為東郡太守，門卒謂之明府。」《賓退錄》：「明府，漢人以稱太守，唐人以稱縣令。漢人謂縣令為明廷。」

黃鶴曰：「王明府當是遂州唐興宰王潛也。公上元二年辛丑歲嘗為王作《唐興客館記》。前有《逢唐興劉主簿》詩，此殆因劉而簡之。」

葉縣郎官宰，周南太史公。神仙才有數，流落意無窮。驥病思偏秣，鷹秋怕苦籠。看君用高義，恥與萬人同。

《後漢‧方術傳》：「王喬為葉令，有仙術。漢明帝云：『郎官上應列宿，出宰百里。』」《司馬遷傳》：「是歲，天子始建漢室之封，而太史公留滯周南，不得從事。」周南，洛陽也。首句此王明府，次句公自況留滯成都也。

次聯分應上二句，歎明府有神仙之才，而己流落於蜀，有無窮之意，欲嚮明府道而不能耳。

「驥病」、「鷹愁」正無窮之意。良馬違時而病，其所思者，偏在於秣；鷹隼遇秋而擊，其所怕者，苦在於籠。蓋驥失其秣則恒病，鷹困於籠則恒苦。公以自況，冀明府有以繼其芻秣，出其樊籠也。

末聯自悲流落劍外，厚祿故人，無一援手救其飢寒者，故望明府之獨用高義也。成都與唐興俱屬劍南，望之尤切。「恥與萬人同」，當屬公之自託。蓋秣驥縱鷹，非高義者不能，明府必能辦此，故望其不以眾人遇我而以國士遇我，恥與公等碌碌者處囊彈鋏，無從自見也。若以「恥」字責望明府，覺直遂唐突矣。

重簡王明府

甲子西南異，冬來只薄寒。江雲何夜靜，蜀雨幾時乾。行李須相問，窮愁豈有一作「自」。寬。君聽鴻雁響，恐致稻粱難。

「甲子」，記時節也。蜀在西南，言西南寒暑不正，有異中土也。江雲夜靜，蜀雨不乾，正見寒之薄。《楚辭》：「泥污后土兮何時乾。」

《左傳注》：「行李，行人也。」「李」與「理」通。公望明府遣使相存問，以寬其窮愁也。曰「豈有寬」，問明府豈有寬窮愁之法也。

時值久雨，艱於致稻粱。今當鴻雁秋鳴，稻粱初熟，望明府聽鴻雁之聲而代為慮。曰「恐致稻粱難」，則窮愁庶可寬耳。

過南鄰朱山人水亭

公七言詩云：「錦里先生烏角巾。」絕句云：「梅熟許同朱老喫。」即朱山人也。

相近竹參差，相過人不知。幽花欹滿樹，小水細通池。歸路村非遠，殘樽席更移。看君多道氣，從此數追隨。

惟竹參差而密，故曰相過從而人不知。「幽花」、「小水」，水亭之景也。

「歸客」，公自水亭而歸草堂也。「殘樽席更移」，見留連不忍別意。公樂與朱山人追隨，且欽其有道氣，山人信非恒流矣。

北鄰

　　明府豈辭滿，藏身方告勞。青錢買野竹，白幘岸江皋。愛酒晉山簡，能詩何水曹。時來訪老疾，步屧到蓬蒿。

　　「辭滿」，謂任滿辭去也。謝靈運《還舊園詩》：「辭滿豈多秩，謝病不待年。」「告勞」，言乞養閒也。《詩》：「不敢告勞。」

　　「青錢」，即青銅錢也。「買野竹」，便見卜築為鄰之意。《方言》：「覆髻謂之幘，或謂之承露。」謝奕為桓溫司馬，岸幘嘯詠。岸幘謂頹其巾也。

　　山簡每醉高陽池。梁何遜，字仲言。八歲能賦詩。仕梁，為水部員外郎。詩文與劉孝標並重，世稱何劉。「山簡」、「水曹」借對，公每用此法。

　　焦竑《筆乘》曰：「何遜詩極為少陵推服，所云『能詩何水曹』是也。少陵嘗引『昏鴉接翅歸』、『金粟裹搔頭』等語，今集中無之，則逸者不少矣。他如『團團月隱洲』，『輕燕逐風花』，『野岸平沙合，連山遠霧浮』，『岸花臨水發，江燕繞檣飛』，『遊魚上急瀨，薄雲岩際宿』諸語皆採為己句，但少異耳。」

　　屧即履也。或曰履中薦也。《高士傳》：「張仲蔚，平陵人。常居窮素，室中蓬蒿沒人。」

　　前有簡王明府二詩，此時明府尚在官也，任未滿，遂告辭而歸。岸幘野竹，蕭然江皋，樂與公為鄰，則明府高致可知。公南鄰有朱山人，幽花小水，數相追隨；北鄰有王明府，愛酒能詩，步屧時到，公亦差不寂寞矣。

遣意二首

　　囀枝黃鳥近，泛渚白鷗輕。一徑野花落，孤村春水生。衰年催釀黍，細雨更移橙。漸喜交遊絕，幽居不用名。

　　此幽居草堂，春日遣意也。吳曾《漫錄》曰：「『囀枝黃鳥近』，蓋用虞炎詩『黃鳥度青枝』，言其纏綿枝上，與枝相親近而不去也。白鷗泛翅於渚中，更見其身輕。近字從囀字來，輕字從泛字來。」

　　一徑花落，正囀枝之時；孤村水生，正鷗泛之地。次聯隱承上聯。

　　年衰必須酒暖，今日之釀黍，衰年實催之。雨中便於栽花，此際之移橙，細雨更為之。合上二聯，皆所以遣意也。

　　「漸喜交遊絕」，即淵明「請息交以絕遊」意也，實係憤詞，故著一「喜」字。聲名必藉朋友，交遊既絕，則不用名矣。公滿腔熱腸，豈能恝然逃名，甘與世絕哉？亦幽居而不得不然耳。

李蟠庵曰：「只『不用名』三字，笑盡結客少年場種種習氣。然則世之交遊者皆為名耳，豈真有『奇文共欣賞，疑義相與析』哉？比『番手作雲覆手雨』更覺感慨□□。」

籌影微微落，津流脈脈斜。野船明細火，宿雁起圓沙。雲掩初弦月，香傳小樹花。鄰人有美酒，稚子夜 今本作「也」。 能賒。

此春夜遣意也。籌影欲落，微微可見，是隱測日影也。津流自斜，脈脈可聽，是暗度流泉也。二句將夜之景。

野船遠望，故火細，但見微火明於煙水之際，寫出野字之意。圓沙形容沙之活潑，不似灘岸之板實，故可供雁寢處。起字妙，非雁從沙中舉翅而起，乃縈旋沙上，以起其沙，使可容身宿也。二句是已夜之景。舊解俱誤。

月初弦，又為雲掩。樹花已為夜色所蔽，僅香氣襲襲，從小樹傳來。摹寫夜景入畫。

從末句中點出「夜」字，以結上六句意，謂對此夜景，不可無酒。鄰人既有稚子能賒，可以遣意矣。

漫成二首

野日 一作「月」。 荒荒白，江流泯泯清。渚蒲隨地有，村徑逐門成。只作披衣慣，常從漉酒生。眼旁無俗物，多病也身輕。

日色荒荒，寫出一片白，卻是日色無光之狀。江流泯泯，言其無聲也。張有《復古編》云：「浯，古活字。泯泯當是浯浯，如《詩》『北流活活』之義，傳寫之誤耳。」

梁簡文帝《晚春詩》：「渚蒲變新節。」曰「隨地有」，言無事他求也。村各有徑，村人之門各從一徑而入，故村徑遂若逐門而成者，寫出村中曲折之狀。

「披衣」，人名，見《莊子》。陶潛以葛巾漉酒。隱用兩古隱居之士以自況。曰「慣」，曰「生」，言只作披衣，非此不慣；常從漉酒，非此不生。即生活意也。上四字、下一字句法。舊解竟指為「漉酒生」，誤。

蔡夢弼曰：「《世說》：『嵇、阮、山、劉在竹林酣飲，王戎後至，阮步兵曰：俗物已復來，敗人意。』公獨居草堂，喜無俗物相擾，雖多病之身，正復輕快耳。」

江皋已仲春，花下復清晨。仰面貪看鳥，回頭錯應人。讀書難字過，對酒滿壺頻。近識峨眉老，知余懶是真。

《釋文》：「皋，緩也。」江之岸厥土性緩，故曰「江皋」。仲春正當江色之麗，既在花下，又復清晨，此時情為境移，性為物移，不覺眼之所看，口不及應，故仰面貪看鳥，回頭錯應人，此亦偶然語。偶然道出實境，乃禪家引為禪句，紫陽又引為心不在焉之證，公當時應不作此野狐腐儒技倆。

晉張葉讀書遇難字即過，不求甚解意。「對酒滿壺頻」，意不在酒也。二語便形容出懶性。

公自注：「峨眉老，東山隱者。」按《地理志》，劍南有岷峨山，接岫千里，神仙福地。公至蜀未幾，始識此山之老，而已知余懶性之真，是真知己也。

前首在江村之中，日亦荒荒，流亦泯泯，渚蒲亦任其滿地，柴門亦任其斜開，總一切不關意，只與披衣、漉酒為生活，故眼無俗物，可以卻病。後首枕春花之勝，鳥亦可任吾看，人亦難強吾應，書亦可不細讀，酒亦可不徐斟，總一切率吾意，惟與峨眉老為知己，故懶性得遂，可以全真。合兩首觀之，錯落之中，自成一篇。一首之中，卻不可遂句求解。題曰「漫成」，正難識公意所在。

春夜喜雨

好雨知時節，當春乃發生。隨風潛入夜，潤物細無聲。野徑雲俱黑，江船火獨明。曉看紅一作「經」。濕處，花重錦官城。

應雨而雨，是謂好雨。《洪範》所云「時若」是也。當春而春雨發，故曰「發生」。舊解添出發生萬物，便屬蛇足。

雨隨風，固屬恒事，好在「潛入夜」三字。雨潤物，固是常理，好在「細無聲」三字。不覺其入夜，而已潛隨風而入夜；不聞其有聲，而已細潤物於無聲。蓋當此春時，固喜雨之發生。而發生太驟，致風狂物損，安在其為好也？公可謂繪水繪聲耳。

下四句，二句言夜景，二句言曉景。雲黑、火明承「隨風潛入夜」，紅濕、花重承「潤物細無聲」，卻不見承上痕跡。譚友夏曰：「『江船火獨明』寫雨景倍勝。」

公所喜者，雨也，但見野徑之雲俱黑，江船之火獨明，初不覺雨之入夜也，而已潛入夜矣，雨之入夜可喜也。梁簡文帝《賦得入階雨詩》：「漬花枝覺重。」紅濕則花重。公但看紅之濕，花之重，初不覺雨之有聲也，而已細潤物矣，雨之潤物而無聲尤可喜也。

春水

三月桃花浪，江流復舊痕。朝來沒沙尾，碧色動柴門。接縷垂芳餌，連筒灌小園。已添無數鳥，爭浴故相喧。

《韓詩》「溱與洧，方渙渙兮」注云：「謂三月桃花水下時也。」《溝洫志》：「來春桃花水盛。」師古曰：「《月令》：『仲春之月，始雨水，桃始華。』」蓋桃方華時，既有雨水，川穀水泮，眾流猥集，波瀾盛長，故謂之桃花水。未水時，江流退落。今當水發，乃復舊痕也。

曹毗賦：「飛鷺下乎沙尾。」水漸漲，故沙尾皆沒。《古詩》：「春水似接藍。」水深而色碧也。「碧色動柴門」，「動」字狀水勢入妙。

接縷垂餌，連筒灌園，俱狀水勢之漲溢。惟水深，覺縷短；惟縷短，故用接。筒乃漸引水入園者。連筒而灌，筒不能受水，具見水發之甚。

《古詩》：「寄語故林無數鳥，會入群裏比毛衣。」鷗鳧之屬，因水漲而所添無數，爭浴於漲水，聲為之喧。「相喧」二字正形容其無數也。

江亭

坦腹江亭暖，長吟野望時。水流心不競，雲在意俱遲。寂寂春將晚，欣欣物自私。故林歸未得，排悶強裁詩。草堂本云：「江東猶苦戰，回首一顰眉。」

王羲之東床坦腹，公借用也。臥且曝，詠且眺於亭中，興趣幽然可想。下聯點景更勝。

水流雲在，江亭之可戀正以此，心與之忘，意與之遲，宜可長坦腹，吟眺於江亭矣，胡為而忽作歸林之想？上六句正寫出排悶之況。

春既將晚，花木亦不復自惜，所云「木欣欣以向榮」也。公詩「花柳更無私」，此云「自私」，正見其無私處。著此二語，更見江亭盡可依棲。雖然，其如非我之故林何也。戀戀江亭，而故林不得歸，則悶無可排，惟有強裁詩以排之而已。

江亭之景無悶，想到故林則悶。不歸，悶無可排，惟強裁詩則排。回首江亭景物，真覺與故林一豪無與，我胡為而坦腹江亭也？從最可排悶處轉到悶不可排，從最不可排悶處又強撇下故林而排，此際之吟詩仍在江亭耳，宛折如許，何曾著一語理障，卻被宋人把作道理看，將公裁詩之意埋入腐儒窟中，公若如此裁詩，悶真不可解矣。

早起

春來常早起，幽事頗相關。帖石防隤岸，開林出遠山。一丘藏曲折，緩步有躋攀。童伴來城市，缾中得酒還。

此詩八句，各用一致力字，俱在第三字，讀去卻不覺。春來所以常早起者，止因幽事頗相關故也，下六句皆幽事。

以石帖岸則岸不隤，是公有事設防也。伐去林間之蔽，使遠山得一望而見，是公有事出景也。一丘之中，本無多地，必使之有曲有折，是公有事於善藏也。緩步而行，不使寂寞無幽趣，必孤峰翠嶂，或古木老藤，可攀可躋，是公有事於登臨也。凡此皆幽人之事，稍不關心，則隤者隤，蔽者蔽，在丘壑而無曲折之趣，欲出步而無攀陟之樂，一春之景盡荒穢而不可問矣。公之常早起正以此。

村中無酒，童僕來自市城，得酒而還，醉翁之意陶然，公豈復躡足於城市哉？以城市付之童僕，公所以得遂其幽事也。

寒食

寒食江村路，風花高下飛。汀煙輕冉冉，竹日淨暉暉。田父要皆去，鄰家問不違。地偏相識盡，雞犬亦忘歸。

「竹日」，竹上之日色也。「要」，招要也。公有《遭田父飲》詩。《詩》：「雜佩以問之。」鄰家有所問遺，公不逆其意而受之也。「地偏相識盡」，言江村止八九家，無不盡相識也。雞犬亦習於鄰人，不知誰歸，可見地之偏，鄰之少。

江漲

江發蠻夷漲，山添雨雪流。大聲吹地轉，高浪蹴天浮。魚龍為人得，蛟龍不自謀。輕帆好去便，吾道付滄洲。

蜀水之源，皆出夷地。蜀山高而陰，多積雪，經冬春不消，至盛夏始解。濟之以雨，江流愈漲。豚叟云：「此是倒句。『江發蠻夷漲』，以『山添雨雪流』也。」

《海賦》：「地軸拔挺而爭回。」又云：「浮天無岸。」《遊仙詩》：「高浪駕蓬萊。」初以雨雲之添，形其漲勢；再以地轉天浮，益形其漲勢。「吹」字，「蹴」字，俱善形容。

枚乘《七發》：「橫暴之極，魚龍失勢。」「不自謀」，言蛟龍不能安其常也。

「滄洲」，如海外三山，可望不可即，乃神仙窟宅也。公有「道不行，乘桴浮海」之意。

送裴五赴東川

東川縣屬蜀潼川州。

故人亦流落，高義動乾坤。何日通燕塞，相看老蜀門。東行應暫別，北望若銷魂。凜凜悲秋意，非君誰與論。

裴五不知何人，以愚觀之，必是有匡時之志，願為君殺賊者，故公以「高義動乾坤」許之。「亦」字無限悲感。蓋謂己之不才固當流落在此，不意高義如故人亦流落也，詞旨憤切，亦是倒句。

時史逆未除，故燕塞未通。公與裴五相看而老於蜀土，未能一展其志。令裴五東行，亦仍在蜀耳。北望銷魂，公與裴五有同感焉，故悲秋之意非裴五不足與論，亦惟與裴五共悲耳。

魏十四侍御就弊廬相別

有客騎驄馬，江邊問草堂。遠尋留藥價，惜別到一云「倒」。文場。入幕旌旗動，歸軒錦繡香。時應念衰疾，書疏一作「跡」。及滄浪。

魏侍御特枉駕草堂，有所餽遺於公，公以衰疾自處，故云「留藥價」。魏致餽之詞則然也。「惜別」句亦屬魏詞，言遠尋而來，無可為贈，聊留藥價，惜此一別，故特到文場。此魏侍御訪公時欵曲語也。若公自以弊廬為文場，則迂而不情矣。

「幕」，魏之行幕。「軒」，魏之軒車也。就弊廬相別，魏自入行幕，前列之旌旗皆動，魏已乘軒車，繡衣之披拂猶香。此送別時之景也。末聯囑其別後之思，特念衰疾而寄音書於草堂，公詩所云「百花潭水即滄浪」也。

徐九少尹見過

晚景孤村僻，行軍數騎來。交新徒有喜，禮厚媿無才。賞靜憐雲竹，忘歸步月臺。何當看花蕊，欲發照江梅。

曾嘗曰：「唐以少尹為行軍長史，有節度使，即謂之行軍司馬也。」按《唐志》，少尹與行軍自不同。西都、東都、北都、鳳翔、成都、河中、江陵、興元、興德，府尹各一人，少尹二人，初不言以少尹為行軍長史。但云：「永徽中，改尹為長史。」又，《志》云：「天下兵馬元帥府有行軍長史、行軍

司馬。」今云「行軍數騎來」，當是其時成都尹兼節制兵馬以討亂，故少尹兼行軍也。

徐少尹與公為新交，而禮遇特厚。晚過孤村，其時雲竹俱靜。「賞靜」二字寫出晚景。「忘歸步月」，益見其晚。總是留連不忍去意。

於時江梅欲發未發，少尹則看其花蕊。公詩所云「江邊一樹垂垂發」，即此梅也。徐之意豈真留連於花蕊哉？實因至村已晚，憐雲步月，種種與公不忍別，具見新知之歡，禮遇之厚。公不敢當徐之意，而以「何當」二字點於「看花蕊」之上，便爾韻絕。作詩者極布置之工，人未免草草看過。

范濂曰：「恨無江梅供客玩，惟留情於看雲步月耳。『何當』二字仍作安得二字解，與前『何當擊凡鳥』同義。即『乘興還來看藥欄』意也。」

范二員外邀吳十侍御鬱特枉駕闕展待聊寄此作

暫往比鄰去，空聞二妙歸。幽棲誠簡署，衰白已光輝。野外貧家遠，村中好上聲。客稀。論交或不愧，重肯欵柴扉。

晉尚書令衛瓘與尚書郎索靖俱善草書，時人號為一臺二妙。公以比范、吳也。公偶往比鄰，而二妙見訪旋歸，祇「空聞」耳。二句題意已盡。

「幽棲誠簡署」，「闕展待」也。「衰白已光輝」，「特枉駕」也。惟公在野外之遠，又是貧家，故闕於展待，不免幽棲簡署。惟村中無客，益無如二妙之好客，故辱其枉駕，不覺衰白光輝四句連環相應。

范彥龍《贈張徐州》詩：「還聞稚子說，有客欵柴扉。」欵，叩也。冀二妙之再訪也。公詩云：「豈有文章驚海內，漫勞車馬駐江干。」其就公而論文者，公誠不愧，然未聞往答也。

畢致中曰：「公詩每以無俗物、絕交遊、門徑榛塞為喜，今於二妙之來，乃以在外闕展待，委曲盡情如此，則平日稱懶，其果懶乎？峨嵋老必能言之。」

李蠧庵曰：「前四句是謝其枉駕，後四句是望其再枉駕。八句宛轉委曲，竟似一篇尺牘，與《江閣邀賓許馬迎》一首皆是走筆代簡。」

《鶴林玉露》曰：「少陵此詩與陳後山事恰相類。後山在京師，張文潛、晁無咎為館職，聊騎過之。後山偶出蕭寺，二君題壁而去。後山謝以詩云：『白社雙林去，高軒二妙來。排門衝鳥雀，揮壁帶塵埃。不憚升堂費，深愁載酒回。功名付公等，歸路在蓬萊。』杜、陳事頗相類，二詩蘊藉風流，亦未易優劣。」

寄贈王十將軍承俊

此上元二年公在錦城同王將軍宴飲而作。

將軍膽氣雄，臂懸兩角弓。纏結青驄馬，出入錦城中。時危未受鉞，勢屈難為功。賓客滿堂上，何人高義同。

「臂懸兩角弓」，謂左右臂各懸一弓也。「纏結」，馬之裹束裝飾也。受鉞則為大將矣。惟未受鉞，故勢屈也。時賓客滿堂，無如王將軍之高義者。王將軍必能以國士遇公，故公之許王將軍如此。

首稱之曰「將軍」，曰「膽氣雄」，不過一武夫之雄耳。弓已懸臂，馬已纏結，正宜一試其膽力。乃徒出入於錦城之中，當此時危而不授以大任，使之鬱鬱居人下，則將軍何自而建奇功乎？惜其徒有膽氣而不能立功，既不能立功，則膽氣亦付於無用矣。末乃以高義許之，則將軍非徒武夫之雄，實吾輩中負高義者也。賓客滿堂，無人可以及之，公大有鄙夷一切之意。

李蟠庵曰：「世之負高義者，必從膽氣得來。惟膽氣雄，故天下事無不可為，而不肯以難為之高義讓人也。看鹿鹿滿堂稱吾輩賓客者，寧不愧死？」

按：公有《期王將軍不至》詩，云「銳頭將軍來何遲，令我心中苦不足」；又云「歲暮窮陰耿未已，人生會面難再得」；又云「走平亂世相催促，一豁明主正鬱陶」。公之憶王將軍可云至矣。其所稱高義，亦不獨厚遇公也。

王竟攜酒高亦同過共用寒字

前有七言律一首，題云《王侍御掄許攜酒至草堂便請邀高使君同到》，此首當與參看。

臥病荒郊遠，通行小徑難。故人能領客，攜酒重相看。自愧無鮭菜，空煩卸馬鞍。移時動山簡，頭白恐風寒。

臥病荒郊，處於僻遠，宜無枉駕者矣。況草堂小徑，通行甚難，益不敢勞貴客之辱臨。乃王竟攜酒與高同過，是故人能領客而來也。曰「重相看」，見王來已非一次。

蔡夢弼曰：「鮭，戶佳切，又居諧切。吳人魚菜總稱。《南史》：『庾杲之清貧自業，食惟有韭菹、瀹韭、生韭、雜菜。任昉嘗戲之曰：誰謂庾郎貧，食鮭嘗有二十七種。』公自愧無鮭菜歆客，徒煩二公枉駕也。」

「山簡」，指高言。公自注：「高每云：汝年幾且不必小於我。」故舊注云「頭白」句乃是公戲高也。愚謂坐不移時，即勸山簡之駕，正自慮老人久坐，

恐致風寒耳，與首句「臥病」二字正相應。無使君見過以頭白戲之之理。觀七言中自稱老夫可見。

畏人

早花隨處發，春鳥異方啼。萬里清江上，三峰俗本作「年」。落日低。畏人成小築，褊性合幽棲。門徑從榛草，俗本作「塞」。無心待馬蹄。

早花隨處而發，春鳥異方亦啼。花鳥無情，不知其為異鄉也。

此詩因「三年」二字，遂謂公自乾元二年冬至成都，至寶應元年春，歷三年矣，因定為寶應元年作。愚考蜀本乃三峰也，公詩「南浦清江萬里橋」，萬里，橋名，對三峰更確。三峰高，故見落日低也。

公詩云：「謾勞車馬駐江干。」又云：「野店山橋送馬蹄。」所云「無心待馬蹄」也。公畏人而幽棲，必使門徑榛塞而後快，然所畏者特俗人耳。如二妙特枉駕，公以闕展待為歉矣。

贈別何邕

即何十一少府也。前有《覓橰木栽》詩。

生死論交地，何由見一人。悲君隨燕雀，薄宦走風塵。綿谷元通漢，沱江不向秦。五陵花滿眼，傳語故鄉春。

何邕，公之鄉人。時為綿谷縣尉。公與何交情甚厚，故曰如今之生死論交者，殆無由見一人，止公與何耳。用翟公「一生一死，乃見交情」意。

《公孫弘傳》：「鴻漸之翼，困於燕雀。」公之交止何一人在，而又僅隨燕雀，薄宦而走風塵，是以可悲。此聯十字一句讀。

綿谷縣屬利州。《蜀志》：「先主使陳戒絕馬鳴閣，魏武聞之曰：『此閣過漢中之陰平，乃咽喉之要路。』」《蜀檮杌》曰：「利州四會五達。」此言何邕雖為尉於綿谷，然由此得歸漢中也。

《禹貢》：「岷山導江，東別為沱。」《漢書·地理志》：「禹貢江沱在郫縣，東入大江。」郭璞云：「沱水自蜀郡都水縣湔山與江別而更流。」據《漢書·溝洫志》，郫江即李冰所鑿，非禹貢之江沱。沱江流入荊州，故不通秦。此公自喻在蜀，不得歸長安也。

五陵在長安，何與公皆長安人，不曰傳語故鄉人而曰「傳語故鄉春」，非惟風物關心，亦見人情惡薄，同調寂寥，故國之思惟付之無情花鳥而已。

贈別鄭鍊赴襄陽

戎馬交馳際，柴門老病身。把君詩過日，俗本作「目」。念此別驚神。地闊峨嵋晚，一作「曉」。一作「遠」。天高峴首春。為於耆舊內，試覓姓龐人。

公因鄭子罷歸襄陽，故贈此詩，言老身病於兵戈之間，惟將鄭子之詩遣悶過日。而今忽有此別，令我神魂欲驚也。次聯上三字、下二字句法。

會與鄭別，則地闊絕矣。鄭去而公獨留於蜀，不覺峨嵋已晚。「天高」從「峴首」二字生來。鄭赴襄陽，峴山春景最堪登覽，不似公之寂寞於峨嵋也。孫奕《示兒編》曰：「峨嵋、峴首屬對精工，不獨以首對眉。《詩》曰：『倪天之妹。』是又借『倪』音與『峨』音對也。」

漢龐德公隱於襄陽鹿門山，此蓋因鄭而寓弔古之懷，隱居之志也。韓退之《送董邵南序》曰：「為我弔望諸君之墓，而觀於其市，復有昔時屠狗者乎？」意同。昔人謂杜之詩、韓之文法也，信哉！

草堂即事

荒村建子月，獨樹老夫家。雪裏江船渡，風前徑竹斜。寒魚依密藻，宿鷺起圓沙。蜀酒禁愁得，無錢何處賒。

上元二年辛丑九月，去上元年號，稱元年，以十一月建子月為歲首。壬午朔，上受朝賀，如正旦儀。「建子」、「老夫」假對。「荒村」、「獨樹」，草堂寂寞之景。下六句皆即事也。畢致中曰：「成都無雪，浣花無魚，雪裏寒魚，聊為點綴耳。末言蜀酒盡可禁愁，奈無錢不能賒取，寫出荒村、獨樹、雪裏、風前之狀。」

杜詩注解卷之四終

辟疆園杜詩注解五言律卷之五

古任李　莊蠖庵甫評

北海畢忠吉致中甫

梁谿顧　宸修遠甫著

不見

公自注：「近無李白消息。」

曾鞏序云：「白，蜀郡人。天寶十四載，安祿山反。明年，明皇在蜀。永王璘節度東南，白時臥廬山，璘迫致之。璘軍敗丹陽，白奔亡，至宿松，坐繫尋陽獄。宣撫大使崔渙與御史中丞宋若思驗治白，以為罪薄，宜貸。而若思軍赴河南，遂釋白囚，使謀其軍事。上書肅宗，薦白才可用，不報。是時白年五十有七矣。乾元元年，終以污璘事長流夜郎，遂泛洞庭，上峽江，至巫山，以赦得釋。憩岳陽江夏久之，復如尋陽，過金陵，徘徊於歷陽、宣城二郡。其族人陽冰為當塗令，白過之，以病卒，年六十有四。是時寶應元年。其始終所更涉如此。此白之詩書所自敘，可考者也。舊史稱白山東人，為翰林待詔；又稱永王璘節度揚州，白在宣城，謁見，遂辟為從事。而《新書》又稱白流夜郎，還尋陽，坐事下獄，宋若思釋之者。皆不合於白之自敘，蓋史誤也。」

按子固序，則《新書》稱流夜郎之後復下尋陽獄，誤也。《年譜》云：「半道承恩放還。」有《寄王明府》詩云：「去歲左遷夜郎道，今年敕放巫山陽。」自放還之後，遊歷非一處。此云《不見》，正念其放還之後，非流夜郎時也。蔡夢弼編此詩為上元二年作。即梁權道編在寶應元年，亦未為不是。蓋白之死在寶應元年十一月也。《新書》云：「代宗立，以左拾遺召，而白已卒。」黃鶴注謂在夜郎而憶之，非是。

不見李生久，佯狂真可哀。世人皆欲殺，吾意獨憐才。敏捷詩千首，飄零酒一杯。匡山讀書處，頭白好歸來。

公與白同遊齊魯，在天寶四載。前注已詳言之。白有《魯郡石門別杜二子

美》詩。自此別後，公屢形懷憶，竟不得再見。冬日春日之懷，白在江東，公在長安。天末之懷及《夢李白二首》，白在夜郎，公在秦州。此云《不見》，白在浪遊，公在成都。公與白最稱交好，考其相從歲月，僅在遊齊魯時。前乎此，後乎此，俱未相見也。今曰「不見李生久」，蓋在上元、寶應之間。追憶天寶四五載時，已十七八年矣。

箕子披髮佯狂，則佯狂非得已也。白之縱酒豪放，豈真酒徒哉？亦激而不得不然耳。

忌才者則欲殺之，憐才者則哀之。曰皆，曰獨，可見世皆忌才之人。憐才者止公一人耳。

《鶴林玉露》曰：「李太白一斗百篇，援筆立成。杜子美改罷長吟，一字不苟。二公蓋亦互相譏嘲。太白贈子美云：『借問因何太瘦生，只為從前作詩苦。』苦云者，譏其困雕鐫也。子美懷太白云：『何時一樽酒，重與細論文。』細云者，譏其欠縝密也。」按：「太瘦生」之句，李集無之。詞語鄙俗，昔人辨為非白句久矣。「細」字之說，已見前注。觀此詩云「敏捷千首」及《八仙歌》云「一斗百篇」，又《寄白二十韻》云「落筆驚風雨，詩成泣鬼神」，公之推重白詩何如哉！而云「欠縝密」，何耶？豈有欠縝密之詩而可以驚風雨而泣鬼神者耶？《玉露》說詩之固如此，將李、杜二人之情好不幾一筆抹殺耶？且子美自云「沉鬱頓挫，隨時敏給，楊雄、枚皋，可企及也」，則子美未嘗不自誇敏捷也。曰「飄零酒一杯」，可見白正在浪遊時。

《容齋二筆》曰：「杜子美贈李太白詩：『康山讀書處，頭白好歸來。』說者以為即廬山也。吳曾《能改齋漫錄》內《辨撰》一卷，正辨是事。引杜田《杜詩補遺》云：『范傳正《李白新墓碑》云：白本宗室子，厥先避仇，客蜀，居蜀之彰明，太白生焉。彰明，綿州之屬。邑有大小康山，白讀書於大康山，有讀書堂尚存，其宅在清廉鄉，後廢為僧房，稱隴西院。蓋以太白得名。院有太白像。』吳君以是證杜句，知康山在蜀，非廬山也。予按當塗所刊《太白集》，其首載《新墓碑》，宣歙池等州觀察使范傳正撰，凡千五百餘字，但云『自國朝以來，編於蜀籍。神龍初，自碎葉還廣漢，因僑為郡人』。初無《補遺》所紀七十餘言，豈非好事者偽為此書，如《開元遺事》之類，以附會杜老之詩耶？歐陽忞《輿地廣記》云：『彰明有李白碑，白生於此縣。』蓋亦傳說之誤，當以范碑為正。」

黃鶴曰：「按：李白集有《望廬山五老》詩，云：『九江秀色可攬結，吾將

此地巢雲松。』又,《望廬山瀑布》云:『而我遊名山,對之心益閒。且諧宿所好,永願辭人間。』又,《南康軍圖經》云:『李白性喜名山,飄然有物外志。以廬阜水石佳處,遂住遊焉。至五老峰,愛其險峭奇勝,曰:天下之壯觀也。卜築於此,吾將老焉。今峰下有書堂舊基。白後北歸,猶不忍去,乃指廬山曰:與君再會,不敢寒盟。丹崖綠壑,神其鑒之。』又,白《送姪嵩遊廬山序》云:『慚未歸於名山。』然則匡山斷指潯陽匡廬山而言。」鶴注是也。

錢牧齋曰:「《唐詩紀事》載東蜀楊天惠《彰明逸事》云:『元符二年,補令於此。聞李白本邑人,微時慕小吏,棄去,隱居大匡山。今猶有讀書臺。』吳曾《能改齋漫錄》、歐陽忞《輿地廣記》皆本天惠之說。按:太白居廬山,見於詩文不一而足。曾鞏詩序云:『永王璘節度東南,白時臥廬山,璘迫致之。公憐其因此得罪,故云匡山讀書處,頭白好歸來。』《彰明遺事》所載乃委巷傳聞之語。西蜀楊慎輩力引為蜀中故事,殊不足信。《容齋二筆》亦云:『太白鄉郡當以范傳正碑為正,而好事者又偽為范傳正碑以亂,真可恨也。』」

畢致中曰:「匡山屬蜀,似亦有據。然讀書論意,看到因永王逼致下此語,則匡山之屬匡廬,非蜀匡山,意義大別矣。」

曰「頭白好歸來」,白之身得以自由,明矣,故公望其急歸也。若流夜郎時,白豈能欲歸即歸哉?觀公《夢李白》詩云「江南瘴癘地,逐客無消息」;又云「恐非平生魂,路還不可測」;又云「今君在羅網,何以有羽翼」,則斷難望其「好歸來」矣。

江頭五詠

黃鶴曰:「王筠有才名,沈約重之,約於郊居,作齋閣,請筠為草木十詠,書之於壁,皆直寫之辭,不加篇題。約曰:『此詩指物呈形,無假題署。詠公詩,亦可云肖物呈形矣。』」江頭,即江畔獨步尋花處,以是日所見入詠也。五篇皆有意寓,當熟味之。

丁香古體

丁香體柔弱,亂結枝猶墊。細葉帶浮毛,疏花披素豔。深栽小齋後,庶近幽人占。晚墮蘭麝中,休懷粉身念。

《日華子》云:「丁香治口氣,御史所含之香也。」《碎錄》:「丁香一名百結子,出枝華上,如釘長三四分。有麤大如山茱萸者,謂之母丁香。」王梅有十二子名,以丁香為丁子索。

此言丁香體最柔弱，其枝條可亂結也。「墊」，下也子。出枝葉上，故曰「枝猶墊」。「葉帶浮毛」，「花披素豔」，王梅所詠「雨裏含愁態，枝頭綴玉英」是也。

王洙曰：「丁香結實，墜於蘭麝間，則有粉身之患。末二句危言以戒之。」

黃鶴曰：「此篇公自言見棄遠方，漁樵為伍，不復更懷末路之榮，自貽粉身之患也。」愚謂公意正惡其柔耳。柔而且絕，宜自處幽僻，可以全身免患。乃以柔豔之資，當晚暮之景，一旦與蘭麝為伍，柔豔者而既晚矣，蘭麝之香則又過之，雖粉身而不足惜矣。晚而不知戒，豔質竟何有哉！

麗春古體

百草競春華，麗春應最勝。少須一作「頃」。好顏色，多漫枝條賸。紛紛桃李枝，處處總能移。如何此貴重，一本作「稀如可貴重」。卻怕有人知。

《群芳譜》曰：「麗春，罌粟別種也。根苗一類，而數色咸具。」「須」，須臾也。其花朝開暮落，顏色僅須時耳。《釋韻》：「賸，增加也。」叢生多葉，如增加者然。

桃李隨移隨活，獨罌粟之種移植他處即槁〔註1〕。此所以可貴重，卻怕有人知，狀其不可移也。

黃鶴曰：「此篇言競進者多，而公獨流轉遠僻，少有知己者。」愚謂春花之中，麗春獨勝，以共顏色好也。其實顏色何能勝桃李，但桃李能移，因人鹿鹿，獨此花性不可移，所以可貴重耳。公負耿介之性，正取麗春之不可移也。移之實是愛之，其畏人知，非以逃名，正是不受人憐處，故於百草之中特表而出之。

梔子

梔子比眾木，人間誠未多。於身色有用，與道氣傷和。紅取風霜實，青看雨露柯。無情移得汝，貴在映江波。

《酉陽雜俎》：「諸花少六出者，惟梔子花六出。陶貞白云：『梔子剪花六出，剖房七道，其花香甚，即西域薝蔔花也。』」佛說：「譬如人入薝蔔林中，惟臭薝蔔，不聞餘香。」因是西域之花，故曰「人間誠未多」。

《漢書》：「梔茜園。」《注》：「梔支子也。」晉宮閣名華林囿者，梔子五

〔註1〕按：「稿」當作「槁」。

株。《名山志》：「樓石山多栀子，其色可以染帛。」所云「於身色有用」也。其性極冷，所云「與道氣傷和」，言傷溫和之氣也。其實經霜則紅，所云「紅取風霜實」也。葉似兔耳，厚而深綠，春榮秋瘁，所云「青看雨露柯」也。

謝宣城《詠栀子樹詩》：「有美當階樹，霜露未能移。遠思照水綠，君家無曲池。」梁簡文帝云：「素花偏可愛，的的半臨池。」公取兩詩之意，故言栀子映江波則有情。因無情故移汝，使汝得映江波，更為可貴也。

黃鶴曰：「此篇公自言飽歷風霜雨露而獨見遺於外也。」愚謂色不可恃者也，氣不可傷者也。其色可染，乃經風霜，而色始有用；其性甚冷，乃滋雨露，而氣仍傷和；則不諧於眾木，不偶於人間，草木中之最無情者也。移而置之江波，庶得遂其性乎？

鸂鶒

故使籠寬織，須知動損毛。看雲莫悵望，失水任呼號。六翮曾經剪，孤飛卒未高。且無鷹隼慮，留滯莫辭勞。

謝惠連《鸂鶒賦》：「宛羈畜於籠樊。」鸂鶒本水鳥，入於籠中，則失其性矣。雖故寬織其籠，然特慮其性善動，動則恐損毛羽，非所以適其天也。看雲而悵望，雲際本非其地，但悵望耳。失水則不禁呼號矣。

《韓詩外傳》曰：「鴻飛千里，特六翮耳。凡鳥之勁，羽止六也。」六翮經剪，孤飛未高，合上聯總見樊籠之苦。

結二句故轉一語以慰之，雖未離樊籠，然可免鷹隼之慮，今之留滯，莫辭勞可也。總不能出樊籠之中，則鸂鶒之不自得亦甚矣。

黃鶴曰：「此篇公自言失位於外，無心求進，雖有留滯之歎，幸無搏擊之虞。」愚謂天地一籠也，然得其性，雖跼蹐之地亦適；失其性，雖軒敞之地亦牢。公之去郭而居江上，地豈不寬然？正所云「故使籠寬織」也。去其所依，動即有損，雖呼號而莫救，蓋已經催殘之餘，安能使我奮翅而高飛？故今日之江頭，正我之寬籠也，幸無鷹隼之患，聊以自慰，且在此淹留耳。

花鴨

花鴨無泥滓，階前每緩行。羽毛知獨立，黑白太分明。不覺群心妒，休牽眾眼驚。稻粱霑汝在，作意莫先鳴。

花鴨身無泥滓，使人可愛，故畜之階前。觀其緩步，其性舒徐也。在群鴨之中，羽毛獨異，以其黑明分明耳。下一「太」字，便見孤潔自好，有不屑同

群之意，故不覺群心起妒，眾眼牽驚也。心與眼，俱指眾鳥言。妒與驚，正妒驚其羽毛也。

末二句，戒之之詞，言其羽毛稍異，黑白分明，便難容於群心眾眼，則花鴨益宜深自韜矣。況汝不必自為覓食，稻粱之供，愛汝養汝者自然霑足，汝可作意而先鳴乎？凡鴨當食必鳴，戒其無先鳴，正欲其與群鴨同鳴，無立異意也。

黃鶴曰：「此篇公自言以直言受妒，出居於外。雖有一飽之適，猶以先鳴為戒。」愚謂潔身自處者必有獨立之患，獨立不懼者必有作意之鳴，蓋世所最忌者作意也。忽然而作一意，則我行我意不與眾諧，未免太分別人之黑白，自然群心共妒，眾眼皆驚，誰復有愛而惜之者哉？稻粱霑汝，恩莫大焉，胡為先眾而鳴也？此公自道直言遭貶，喻意顯然。

按：五詠據江頭是日所見而言。首詠丁香，立晚節也。次詠麗春，守堅操也。三詠梔子，適幽性也。四詠鸂鶒，遭留滯也。五詠花鴨，戒多言也。雖詠物，實自詠也。因前二首為古體，或割裂之，不知此乃一時之作，或一日之作，公之座右銘也，安可分其孰為古、孰為律乎？故並列之律中。

水檻遣心二首

公有水檻，在草堂前。嘗賦水檻詩，云「茅軒駕巨浪」是也。

去郭軒檻敞，無村眺望賒。澄江平少岸，幽樹晚多花。細雨魚兒出，微風燕子斜。城中十萬戶，此地兩三家。

草堂在成都西村，故曰「去郭」。去郭，故地曠而軒檻可敞，且一望皆江，無村落阻隔。無村，故地遠而眺望益賒。

中二聯，水檻之景，遣心之事也，皆承「眺望賒」來。

李璁佩曰：「少岸、多花，亦屬恒語。曰『平少岸』，分明一望渺然，則澄江愈澄矣。曰『晚多花』，如見夕陽掩映，則幽樹愈幽矣。用字平易，只如不覺。若入晚唐，便添許多痕跡矣。」

葉石林曰：「詩語忌過巧，然緣情體物，自有天然之妙。如老杜『細雨魚兒出，微風燕子斜』，此十字殆無一字虛設。細雨著水面為漚，魚嘗上浮而沿，若大雨則伏而不出矣。燕體輕弱，風猛則不能勝，惟微風乃受以為勢，故又有輕燕受風斜之句。」

《唐志》：「成都戶十六萬九百五十。」此言其戶雖多，總與公無涉，惟

「此地兩三家」，幽僻可遣心也。

畢致中曰：「末二句與『去郭』、『無村』相應。郭中則十萬戶，亦有無村則兩三家而已。」

蜀天常夜雨，江檻已朝晴。葉潤林塘密，衣乾枕席清。不堪祗老病，何得尚浮名。淺把涓涓酒，深憑送此生。

先「夜雨」，後「朝晴」，寫出水檻晴景。「葉潤」、「衣乾」，便見先雨後晴也。

公之所不能自遣者，老病耳，浮名耳。今併此兩者付於涓涓之酒，惟憑酒以送此生，則無不可遣者矣。四句須一氣說。

屏跡三首

用拙存吾道，幽居近物情。桑麻深雨露，燕雀半生成。村鼓時時急，漁舟個個輕。杖藜從白首，心跡喜雙清。

凡人用巧者勞，用拙者逸。既曰「吾道」，未有不任其自然，可以巧力矣其間者，故吾道必用拙而存。此公見道語也。孔子曰：「道之將行也，與命也。道之將廢也，與命也。」不知者便謂一聽之天，不用一毫智力經營圖度，然此正吾道之所存也。幽居則性情閒暇，凡物之情可一一體認而出，便與物情親近，津津能道其所以然。下四句皆物情也。

桑麻有桑麻之情，其滋雨露既深，則欣欣以向榮。燕雀有燕雀之情，雖荷生成未全，亦飛鳴以自適。然非幽居而與之近，斷未易知其所以深、所以半也。

賽社迎神，村鼓時時聲急，村人之情甚勞。村人勞而公獨逸，以逸近勞，故勞人之情聽急鼓而悉之。煙波縹緲，漁舟個個皆輕，漁人之情甚逸。然漁人逸而公亦逸，以逸近逸，故逸人之情觀輕舟而得之。二語更見屏居不與世接之意。

《莊子》：「原憲杖藜而應門。」謝靈運詩：「心跡雙寂寞。」公雖白首杖藜，喜屏跡而跡清，併心亦為之清也。正與「用拙存吾道」相應。

晚起家何事，無營地轉幽。竹光團一作「圍」。**野色，舍**一作「山」。**影漾江流。失學從兒懶，長貧任婦愁。百年渾得醉，一月不梳頭。**

惟地幽故無營，惟無營故無事，惟無事故可晚起。首聯文法從逆說上。公前詩云：「春來常早起，幽事頗相關。」公之早起原以幽事關心，今地轉幽而晚起，併幽事亦無營矣。

次聯「地轉幽」也，三聯「無營」也，末聯家無事而晚起也。六句亦從逆縋上，細玩乃知之。嵇康《絕交書》云：「頭面常一月十五日不洗。」末句用其事。

衰顏甘屏跡，幽事供高臥。鳥下竹根行，龜開萍葉過。年荒酒價乏，日併園蔬課。猶酌甘泉歌，一云「猶酌酣且歌」。一云「猶酌酣甘泉」。**歌長擊樽破。**

按：《屏跡》共三首，前二首律體，此一首古體，同時作也。題名《屏跡》，此首中方點出「屏跡」二字，可知三首無容割裂矣。且此首雖屬古體，而無一句失拈，無一字失對，自是仄韻之律。

公屏跡高臥，所見惟幽事而已。鳥下竹根，龜開萍葉，偶然所見，皆幽事也。

兵戈擾攘，歲恒凶饑，酒價之乏，公時時慮之。蓋公所遣懷者，惟酒而已。《禮記》：「儒有併日而食。」此云「日併」，正用其意，與「年荒」二字作對。公惟併日以為食，故課園蔬尤急也。舊解因乏酒價，故併課園蔬以充估直，似兩句牽為一句矣。

酒價既乏，所酌者惟甘泉而已。酌而且歌，歌而且長，長而至於擊樽，擊樽而至於破，公之狂態具見，無聊之態亦具見。《世說》：「王大將軍每酒後，輒詠魏武樂府，曰：『老驥伏櫪，志在千里。烈士暮年，壯心不已。』以如意擊吐壺，壺盡缺。」公長歌而擊樽破，有類於此。〔註2〕

黃鶴曰：「《唐·食貨志》云：『唐初無酒禁。乾元元年，京師酒貴，肅宗以廩食方缺，乃禁京城沽酒，期以麥熟如初。二年，復禁酤。廣德二年，定上下酤戶，以月收稅。』《五行志》：『廣德二年秋，關輔饑，米每斗千錢。永泰元年，饑，京師斗米千錢。』此云『年荒』，當是永泰元年。蓋廣德二年秋，關輔方饑，而此詩乃夏初作。若在其年，不應先事而言，故知為永泰元年夏初作無疑。肅宗於干戈未定之時，猶能以年饑禁酤酒，而代宗於斗米千錢之歲，方且定天下酤戶以收稅，公故即詩以傷世變也。」又云：「是年正月，公自幕府而仍歸溪上矣。『龜開萍葉過』，故知為夏作。」愚謂鶴雖長於考據，往往因考據之過，反固於說詩。史書是年饑，亦僅云「關輔饑」，未書蜀饑也。以關

〔註2〕黃鶴《補注杜詩》卷十《屏跡》：「修可曰：『《世說》：王大將軍每酒後，輒詠魏武樂府，曰：老驥伏櫪，志在千里。烈士暮年，壯心不已。以如意擊唾壺，壺盡缺。子美長歌而擊樽破，有類於此。』」

輔之饑而概及蜀饑，可乎？且此詩但言「酒價乏」，亦公日用之恒事耳。乃云以年饑收酤稅有傷世變之意，豈公因家無酒價遂訕君饑上乎？「龜開萍葉」，春秋二時亦未嘗無之，因此而定為夏初作，可乎？且公辭幕府而歸草堂，五月即離草堂而南下，並不聞蜀中饑也。屏跡高臥，日課園蔬，公方優處草堂之中，未有去志，故蔡夢弼、梁權道俱定為寶應元年作無疑也。

寄高適

當是寶應元年作。是時公在成都，嚴武將入朝，公欲往東蜀，先寄此詩。

楚隔乾坤遠，難招病客魂。詩名惟我共，世事與誰論。北闕更新主，南星落故園。定知相見日，爛漫倒芳樽。

本傳云：「公遊東蜀，依高適。」當在此時，嚴武入朝之後。愚按：公厭蜀思吳，欲下荊襄，無日不形諸魂夢，無時不見諸詩歌。荊吳為楚地，今與相隔甚遠，雖欲往而勢有甚難者，故曰「楚隔乾坤遠，難招病客魂」。既不能往荊吳，惟有依適耳。首二句先言所以依適之故。

公贈適云：「歎惜高生老，新詩日又多。美名人不及，佳句法如何。」適老而能詩，詩名惟公可共耳。《適傳》云：「適具王伯大略，慷慨善談論」，故公欲與論世事。考是年，玄、肅相繼而死，代宗初即位，一番世事又復更新，非適不足與論也。

是年四月，代宗即位。「南星」，南極老人星也。蔡夢弼曰：「以美適之壽也。」邵二泉曰：「代宗即位，適召還，故曰『南星落故園』。考《適傳》，廣德元年，吐蕃陷松、維，適不能救，因召還。則所云『南星落故園』應指廣德元年。然『北闕更新主』句又不合矣。」愚按：南極老人星即金星也。《天文志》：「金星在北，月在南，則單于不當敗。金星在南，月在北，則單于當敗。」今曰「南星落故園」，謂南星仍照落南地，喜得其故位也。此時史朝義將敗，攙搶盡掃，太平復見，公蓋占天文而得之，正上文所云世事願與適共論者也。「落」字如此解方確妥。或以公詩屢用「故園」，俱指洛陽而言，然洛陽亦南方也，此句中意義未嘗不可相通。

方采山曰：「『北闕更新主』，當有哀感意。接以『爛漫倒芳樽』，似未穩。不知公與適皆玄、肅二宗之知己，豈無故主之悲？然新主更化，南星見祥，公已知朝義之必滅矣。滿腔喜意，急欲告之適，定知相見而倒芳樽，有不容不爛漫者。此從世事而喜，非公一己之私情也。」

嚴公廳宴同詠蜀道畫圖得空字

日臨公館靜，畫列地圖雄。劍閣星橋北，松州雪嶺東。華夷山不斷，吳蜀水相通。興與煙霞會，清樽幸不空。

「公館」，即嚴公廳事也。蜀道畫圖，陳列廳事，故公與嚴公同詠。下四句正見地圖之雄。

《水經注》：「李冰沿水造橋，下植七栢，上應斗魁七星，故世祖謂吳漢曰：『安軍宜在七星連橋間。』」《元和郡國志》：「雪山在松州嘉城縣東八十里，即西山也。」此言劍閣在星橋之北，松州在雪嶺之東，圖中所畫蜀中山水形勝也。

華夷之山皆起於西山之西，即崑崙山也。蜀江之水東趨於海，乃入吳中。圖中所畫蜀道脈絡之相貫也。

「煙霞」，畫圖也。公興與之會，不覺酒興欲酣，幸得同斯宴而酒樽不空也。

奉濟驛重送嚴公四韻

奉濟驛在綿州。寶應元年七月，嚴武奉召還朝，公送至綿州。

遠送從此別，青山空復情。幾時盃重把，昨夜月同行。列郡謳歌惜，三朝出入榮。江村獨歸處，寂寞養殘生。

送既遠，則不得不別。從此而別，正復不忍別也。望青山而欲為情，其何以為情。

「幾時盃重把」，期後會也。「昨夜月同行」，傷今別也。此句更含情淒婉。

列郡謳歌，無不惜其去，見武能得民心。武歷玄、肅兩朝，今赴代宗之召，是三朝也。此言武相君之久，三朝之間，出而又入，榮莫大焉。鄭善夫曰：「二語蘊藉崇隆。」

末二句深感知己之詞，真覺黯然魂銷，彷徨而失其所依，無限深情別恨溢於言外。

九月登梓州城

寶應元年七月，公送嚴武到綿州。未幾，徐知道之亂，因入梓州。

伊昔黃花酒，如今白髮翁。追歡筋力異，望遠歲時同。弟妹悲歌裏，朝廷一作「乾坤」。醉眼中。兵戈與關塞，此日意無窮。

首二句憶往日之興，歎今日之衰。「追歡」，追昔日飲黃花酒之歡也，而筋

力已異。「望遠」，登高而望遠也，其歲時仍同。只「筋力異」、「歲時同」六字中無限白髮翁之感，隱承不露。

公於弟妹無日不形之詩歌悲歡。今弟妹不可見，只從悲歌裏見之。朝廷日困於兵戈，不堪醒眼而觀也。醉中猶不忘朝廷，正是一飯不忘君處。「愁與醉無醒」〔註3〕，亦是此意。

黃鶴曰：「『兵戈與關塞，此日意無窮』，蓋指史朝義之亂未已而西域党項又入寇也。」錢牧齋曰：「此指徐知道以兵守劍閣也。」鶴注愚矣。

九日奉寄嚴大夫

時嚴武歸朝，以御史中丞進為大夫。

九日應愁思，經時冒險艱。不眠持漢節，何路出巴山。小驛香醪嫩，重岩細菊斑。遙知簇鞍馬，回首白雲間。

錢牧齋曰：「寶應元年四月，代宗即位，召武入朝。是年徐知道反，武阻兵，九月尚未出巴。《通鑒》載六月以武為西川節度使，徐知道守要害拒武，武不得進，誤也。當以此詩證之。」

按：武赴召，七月離成都，九月尚未出巴。公在梓憶之，言當此登臨，惟應愁思耳，何冒險艱而行，經時知彼其久也。時武持節在巴嶺，無路可出，公故念其愁況有如此。

「香醪」、「細菊」，九日應有之物。雖「小驛」、「重岩」，亦必有之，藉以慰勞耳。結言嚴必回首相憶也。首句公憶其愁思，末句嚴復回首於公，情好之篤可知。《停雲》思友，故曰「白雲間」也。首曰「應」，末曰「遙知」，皆公遠憶之辭。公憶嚴，嚴又憶公，正相呼應。

附嚴答詩云：「臥向巴山落月時，兩鄉千里夢相思。可但步兵偏愛酒，也知光祿最能詩。江頭赤葉楓愁客，籬外黃花菊對誰。跋馬望君非一度，冷猿秋雁不勝悲。」

客夜

寶應元年，公送嚴武至綿州，遂至梓州，時家在成都草堂，故曰客夜。

客睡何曾著，秋天不肯明。卷一作〔註4〕。簾殘月影，高枕遠江聲。計拙無衣食，途窮仗友生。老妻書數紙，應悉未歸情。

〔註3〕《巴西驛亭觀江漲呈竇使君二首》。
〔註4〕按：疑脫一字。

客中不能睡，故覺「秋天不肯明」，工在「不肯」二字。捲簾而見殘月之影，高枕而聽遠江之聲，皆不睡之況，皆不肯明之況。吳曾《漫錄》云：「張說有《深度驛》詩：『洞房懸月影，高枕聽江流。』此詩用其意。」

惟無衣食，故仗友生。舊解指嚴武言。此時公已別武，似無可仗。本傳云：「遊東蜀，依高適」，當在此時，則友生應指高適言。

老妻數紙自成都而來，然已悉未歸之情。「計拙」二句，正未歸之情也。說到悉情二字，悲感無限。不說其所以未歸，僅悉耳。數紙之中，皆是未歸之情，皆是他人不能悉之情。

客亭

秋窗猶曙色，木落更天一作「高」。風。日出寒山外，江流宿霧中。聖朝無棄物，老病已成一作「衰」。翁。多少殘生事，飄零似轉蓬。

此首與上首當合作一首看。從不睡而望天之明，從不肯明而見殘月之影，時猶高枕也。從殘月影落而見秋窗之曙色，則不肯明者已將明矣。又聞落木之聲，秋風蕭蕭發於天際，時猶高枕也。漸見日出於寒山之外，寒山不可見，而日光已在窗際。江流於宿霧之中，遠江聲可聞，而霧氣已隱亭中。寫出秋天曉色如畫。

「聖朝無棄物」，說得聖度包荒甚大。「老病已成翁」，自處於不得不棄之地也。既棄於聖朝，則衣食之計，捨友生更無可仗。所以老病殘生，猶未免有多少事在。飄蓬轉展，作客而不能歸，豈得已哉？雖見悉於妻孥，實自傷其老拙。讀二詩，客情客景描摹殆盡，真令作客人不堪多讀。

王翰孺曰：「孟浩然云：『不才明主棄，多病故人疏。』老杜云：『聖朝無棄物，老病已成翁。』其語相似，其用意懸絕。故明皇一聞孟詩，曰：『卿自棄朕，非朕棄卿。』使聞杜語，寧有此論？」

廣州段功曹到得楊五長史書功曹卻歸聊寄此詩

《通典》：「兩漢有功曹史，主選署功勞。北齊諸州有功曹參軍。唐曰司功參軍。開元初，京兆及諸都督府並曰功曹參軍。」廣州為中都督，故置。黃、蔡俱次。為寶應元年作。

衛青開幕府，楊僕將樓船。漢節梅花外，春城海水邊。銅梁書遠及，珠浦使將旋。貧病他鄉老，煩君萬里傳。

《李廣傳》注云：「衛青伐匈奴，絕大漠，克獲，帝就拜大將軍於幕中。」

幕府之名始此。《南粵傳》：「楊僕為樓船將軍，出豫章，下橫浦。」《元和郡國志》：「桂江一名漓水，經臨桂縣，東去縣十步。楊僕平南粵，出零陵，下漓水。即為此也。」衛青以比廣府帥，楊僕以比楊長史譚。

漢遣使者必持節。廣州大庾嶺即梅嶺也。言楊五遠持節於廣州，直於梅花嶺外，南海水邊，而念我不置。

《寰宇記》：銅梁山有二，屬梓州、合州。《十道志》：「銅梁在涪江之南。」公時正在梓州，楊書遠及銅梁也。《後漢・循吏傳》：「孟嘗為合浦太守，郡不產穀實，而海出珠。」「珠浦使將旋」，言功曹卻歸也。

末二句述己之苦，囑段之意，寄楊之情，無限繾綣委折，故題曰「聊寄此詩」。

得廣州張判官叔卿書使還以詩代意

公《雜述》云：「魯之張叔卿、孔巢父者，聰明深察，博辨閎大，固必能伸於知己。是何面目黎黑，常不得飽飯喫。」《李白傳》：「與孔巢父、韓準、裴政、張叔明、陶沔居徂徠山，日沉飲，號竹溪六逸。」叔明，即叔卿也。孔巢父後為給事中、御史大夫。叔卿僅為判官，在幕下，信乎其窮也。公得張書，當是在梓州與楊長史書同時到。

鄉關胡騎遠，宇宙蜀城偏。忽得炎州信，遙從月峽傳。雲深驃騎幕，夜隔孝廉船。卻寄雙愁眼，相思淚點懸。

鄉關以胡騎而隔遠，宇宙以蜀城為偏方，見己客況之寥寂。

廣州在南，南方屬火，故曰「炎州」。巴蜀有明月峽，三峽之一也。張書發自炎州，從月峽而遙傳也。

時張叔卿在某將軍幕中，曰「雲深」，言遮蔽而不可見也。《世說》：「張憑謁丹陽尹劉惔，惔留宿，明日乃還船。須臾，惔出，傳教覓張孝廉船，召與同載，時人榮之。」公與判官相隔不得面，是「隔孝廉船」也。借「驃騎幕」以喻叔卿之羈身而不能來，借「孝廉船」以明己之急欲覓而終相隔。曰「夜隔」者，言留宿孝廉即於昨夜，而明日還船又急傳尋覓，是恨不即見也。

末二句，相思之情直至無可奈何，卻以雙愁眼寄去。雙愁眼中，惟淚點懸而已。深情苦境，全在一懸字，覺淚垂、淚滴俱不足以書之。

送段功曹歸廣州

南海春天外，功曹幾月程。峽雲籠樹小，湖日落江明。交趾丹砂重，

韶州白葛輕。幸君因估客，時寄錦官城。

　　廣州南百里即大海。自蜀至廣，程途甚遙。春以紀時也。

　　成都有三峽，有東湖、西湖、房湖、峽雲湖，日記其經行之景。

　　丹砂、白葛，皆廣州產。公冀其因估客而遠寄，且時時寄也。

　　黃鶴曰：「此公春在成都作，非梓州作也。若在梓州，公是時有意於出峽，必不言『時寄錦官城』矣。」愚按：前二首在梓州作，則此首必屬同時。公在梓州，暫客耳。有望功曹之寄，斷非一時所能到，自應囑其寄至錦官城也。

題玄武禪師屋壁

　　《九州要記》：「玄武山，一名宜君山，一名三嵎山，在玄武縣東二里。其山六屈三起。」《方輿勝覽》：「大雄山在中江，有真武廟。」杜詩：「玄武禪師屋在此。」

　　何年顧虎頭，滿壁畫滄一作「瀛」。洲。赤日石林氣，青天江海一作「水」。流。錫飛常近鶴，杯度不驚鷗。似得廬山路，真隨惠遠遊。

　　《世說》：「顧愷之為虎頭將軍。」又云：「虎頭，小字也。虎頭多才氣，尤工丹青，傳寫形勢，莫不絕妙。曾於瓦棺寺北殿畫維摩詰，畫訖，光耀月餘。」此言禪師屋壁山水妙絕，非名手不能畫，故以虎頭擬之，非真虎頭畫也。下皆狀所畫之景。

　　日照石林而有氣，且其氣皆赤；天連江海而有聲，並其流亦青。想見此畫，真是繪影繪聲神手。

　　「飛錫」，用誌公卓錫山麓事。「近鶴」，即白鶴道人也。《傳燈錄》：「劉宋時，杯渡者，不知姓名，常乘木杯渡水。」《列子》：「海上之人有好鷗鳥者，每旦之海上，從鷗鳥遊。」公借用兩事，合為一句，以寫畫境之妙。雖畫中未必有此，然可見山麓之奇，能使誌公白鶴相爭；水勢之遠，一任杯渡。狎鷗遊戲，疑幻疑真，未易形容肖似。

　　《廬山記》：「遠法師居廬阜三十餘年，影不出山，跡不入俗。」《廬阜雜記》：「遠師結白蓮社，以書招陶淵明，遂造焉，因勉令入社。」公言此畫信若入廬山之路，而與惠遠從遊也。以廬山比畫，故曰「似」。以惠遠比僧，故云「真」。

遠遊

　　賤子何人記，迷方一作「芳」。著處家。竹風連野色，江沫擁春沙。種

藥扶衰病，吟詩解歎嗟。似聞胡騎走，失喜問京華。

「賤子」，公自謂也。言長安故人無復有記憶者矣。鮑昭《擬古》云：「南國有儒生，迷方獨淪誤。」公到處寫家，幾迷方而無所定。時在梓州，命題「遠遊」以此。

「竹風」、「江沫」，遠遊之景；「種藥」、「吟詩」，所以遣遠遊也。

按：寶應元年冬十月，諸軍發陝州，攻史朝義，朝義屢敗，將輕騎數百東走，僕固懷恩進克東京，及河陽。十一月，露布至京師，朝義自濮州北渡河，帥衛州兵來戰，又敗走。李懷仙斬朝義首來獻。公遠在梓州，傳聞未確，故曰「似聞」、「失喜」，言出於不意也。當與七言律《聞官軍收河南河北》先後作。

王又宣曰：「聞賊破而喜，人之常情。只著一失字，從前之揣摩憂慮、當日之驚疑踊躍，種種如畫，老杜真寫生手也。」

陪王侍御宴通泉東山野亭

黃鶴曰：「通泉，縣名，屬梓州。當是寶應元年東十一月，公至通泉時作。公又有《陪王侍御同登東山最高頂姚通泉晚攜酒泛江》詩。」

江水東流去，清樽日復斜。異方同宴賞，何處是京華。亭景臨山水，村煙對浦沙。狂歌遇形勝，得醉即為家。

此詩與《遠遊》一首同意。江水東流，清樽時把，異方宴賞，相與日追隨而不覺。然想到何處是京華，則猛然驚醒，方知此身之在異方也。

「亭景」、「村煙」，眼前遊玩。既京華不知何處，豈復念其家，故每遇形勝，託之狂歌，即以得醉處為家也。《遠遊》詩云「迷方著處家」，又云「失喜問京華」，種種同感。

李琭佩曰：「『得醉即為家』五字怨極，飄零之感，鄉國之思，含藏無限，與『何處是京華』莫作兩層看。」

春日梓州登樓二首

行路難如此，登樓望欲迷。身無缺少壯，跡有但羈棲。江水流城郭，春風入鼓鞞。雙雙新燕子，依舊已銜泥。

首句公在客久，故發歎以起興，總言行路之難，宜今日之登樓一望欲迷也。所望皆迷，更何處可行。「迷」字正見「難」意。下六句皆「欲迷」之況。

身既已老，卻少壯得乎？跡困於逆旅，所有者但羈棲而已，此外無有也。

舊注謂身卻無少壯，跡但有羈棲，宜倒一字，句反不健。

一望江水流於城郭之中，江水而既知歸矣，可惜春風但入鼓鞞之內，春風而盡吹愁矣。登樓所見所聞如此。

《古詩》：「思為雙飛燕，銜泥巢君室。」末言燕子猶得歸故巢，而我羈棲之身一望欲迷而不知所歸，正見行路之難有如此也。

畢致中曰：「後四句亦是『城郭人民半已非，舊家燕子傍誰飛』之意，全寫出『望欲迷』三字之神。」

天畔登樓眼，隨春一作「風」。入故國。戰場今始定，移柳更能存。厭蜀交遊冷，思吳勝事繁。應須理舟楫，長嘯下荊門。

起二句正「登樓望欲迷」也。眼隨春而入故園，不知故園果在何處，如此方見「欲迷」。舊注故園指洛陽言。指定一處，便非欲迷之景矣。

李蟄庵曰：「公已無家可歸，又刻刻欲歸，亦終歸於故園耳。然故園之念難切，而羈棲之身躊躇未定，又不知誰為我之故園也。故下又有思吳之句。若欲歸洛陽，又不復思吳矣。」

「戰場今始定」，喜史朝義已滅。「移柳更能存」，憶故園之柳也。「更」者，疑辭，言不知更能存與否也。江令詩：「見桐猶識井，看柳尚知門。」公詩：「故園楊柳今搖落，何得愁中卻盡生。」可與參看。

以公交遊當時獨盛，猶厭其冷，豈非人情久客，未有不相視落落者乎？其後又有「厭就成都卜」之句。晉張翰守官於洛，及秋風起，忽思吳蓴菜、鱸魚之美，隨棄官而歸。公思吳之興亦復如是。公未嘗不喜冷而交遊斷不可冷，公未嘗不惡繁而勝事則不嫌繁。所云「勝事」，亦傷今弔古，不過追尋吳中之勝蹟，企慕先賢之省事而已，非有愛於吳地之繁華而欲作此遊也。

《寰宇記》：「荊門本漢舊地，荊襄之要津。」《宜都山川記》：「南崖有山，名荊門。北崖有山，名虎牙。二山相對如門然。」唐貞元間，始立荊門縣，繫屬江陵府。公欲理舟楫而下荊門，由楚入吳，以遂思吳之志也。

泛江送魏十八倉曹還京因寄岑中允參范郎中季明

廣德元年，梓州作。是年岑參自虢州長史入為太子中允。

遲日春深水，輕舟送別筵。帝鄉愁緒外，春邑淚痕邊。見酒須相憶，將詩莫浪傳。若逢岑與范，為報各衰年。

《詩》：「春日遲遲。」「帝鄉愁緒」，「春邑淚痕」，謂玄、肅是年三月葬也。

《朝野僉載》:「咸亨中謠曰:『莫浪傳,阿婆瞋。』」莫浪傳者,防不知己也。報岑、范者,為知己也。後四句俱囑魏之詞,恐魏到京之後,故鄉宴樂,遂不念公之愁困,故欲其併囑岑、范,當各以衰年為憶也。

王又宣曰:「只『莫浪傳』三字,幾許鄭重,幾許繾綣,比『新詩句句好,一任老夫傳』更覺深至。」

涪江泛舟送韋班歸京得山字

涪江在梓州涪城縣。

追餞同舟日,傷春一水間。飄零為客久,衰老羨君還。花雜一作「遠」。重重樹,雲輕處處山。天涯故人少,更益鬢毛斑。

「一水」,指涪江言。《古詩》:「相望一水間。」公與韋雖同舟,一則為飄零之客,一則有還京之喜,傷春自不同也。

「花雜」、「雲輕」,舟中所見。花雜而隱於重重之樹,不復辨為何花。雲輕而覆於處處之山,不復辨為何山。此即「何處是京華」意也。韋別去而益增愁,則益增老矣。「此生那老蜀,不死會歸秦」,公矢志已決。

數陪李梓州泛江有女樂在諸舫戲為豔曲二首

上客回空騎,佳人滿近船。江清歌扇底,野曠舞衣前。玉袖凌風並,金壺隱浪偏。競將明媚色,偷眼豔陽天。

「上客」,指李梓州言。上客落船,空騎遂回也。題曰「諸舫」,則女樂另在一船,而與宴客之船近,故曰「佳人滿近船」。滿言其多也。

江之清則在歌扇之底。本言江清徹底,而以「歌扇」二字嵌入,便覺滿江俱歌扇矣。野之曠則在舞衣之前,本言野曠無前,而以「舞衣」二字嵌入,便覺遍野皆舞衣矣。極言泛江之豔麗如此,正承上「滿」字。

「玉袖」,以玉飾袖,如玉衣是也。梁簡文帝《詠內人詩》:「風吹玉袖香。」「凌風並」,謂美人對舞,玉袖凌風,自相上下也。「金壺」,酒壺也。「隱」,猶避也。船為浪所口,口壺亦因之而偏。邵二泉曰:「隱,映也,言在船中口口搖漾於金壺之上,其影有時而偏也。更勝。」

鮑明遠詩:「茲晨自為美,當避豔陽天。」「明媚色」,指女樂言。「豔陽天」,指春日言。想見諸女樂在舫,曲終舞罷,偷眼而覷豔陽,如不敢觀,又如恐不及觀,故以「競將」二字寫出各各自憐之狀。何堪以明媚之色,直眠豔陽之天,但偷眼一觀,相形已覺無限,正鮑詩「當避」意也。

白日移歌袖，青霄近笛林。翠眉縈度曲，雲鬢儼分行。立馬千山暮，回舟一水香。使君自有婦，莫學野鴛鴦。

歌袖，歌而且舞也。聽睹之久，白日不覺漸移，謂泛江將暮也。笛聲徹於青霄之際，覺青霄與笛林相近，造語造意俱奇。

《古詩》云：「度曲翠眉低。」謂歌終更授其次。張衡《舞賦》曰：「度終復位，次授二人。」《注》：「一人曲罷，再授一人也。」「縈度曲」者，未授之前，先縈回以作將歌之態也。雲鬢分行，言佳人之多分行而待，以待曲之度也。

初下船則回騎，今回舟則又將上馬矣，故繫馬而待者，輿從各立於千山之際，不覺日之已夕。舟自江回，遙聞一水皆香，狀出回騎回舟次第。二首只如一首，神情如畫。

《羅敷行》：「使君自有婦，羅敷自有夫。」《古樂府》：「湖中百種鳥，半雌半是雄。鴛鴦逐野鶴，恐畏不成雙。」寫到回舟之景，一水皆香，正恐使君於此留連而不能去，故以結二語戲之。

陪李梓州王閬州蘇遂州李果州四使君登惠義寺

寺在長平山郪縣北。

春日無人境，虛空不住天。鳥花隨世界，樓閣倚山巔。遲暮身何得，登臨意惘然。誰能解金印，瀟灑共安禪。一云「三軍將五馬，若個合安禪」。

「無人境」，言非復人境也。「不住」，言無著也。取佛書不住相意。公每作禪寺詩，必以禪語參入。此中大有解悟，非漫為點綴也。

鶯花無處無之，即在此寺中得見得聞，亦隨世界之鶯花耳。然此語中實有一切世界俱空意。「樓閣倚山巔」，雖是實境，自覺高危悚動，下臨無地。

三聯公已證入禪理。既遲暮矣，而身何得，則此身之空虛可知。然至遲暮而始悟此身之空虛，則悟亦已晚。既登歸矣，而意惘然，則此意之無著可知。然至登歸而忽悟此意之無著，則悟非關意。

公既悟則能安禪矣，而四使君不知此為無人之境，不住之天，佩金印而登歸，何為者耶？故公急勸之。金印既解，此身便瀟灑無礙矣。瀟灑無礙，則可與四使君共安禪矣。《法華經》偈曰：「安禪合掌。」到得安禪地位，身與意一切懼空，併鶯花、樓閣亦不知銷歸何處，惟共遊於無人之境，不住天而已。

黃漢臣曰：「看得此詩八面玲瓏，修遠不獨深於詩，兼深於禪。」

送何侍御歸朝

公自注：「李梓州泛舟筵上作。」

舟楫諸侯餞，車輿使者歸。山花相映發，水鳥自孤飛。春日垂霜鬢，天隅把繡衣。故人從此去，寥落寸心違。

首句言李梓州泛舟餞何，次句言何乘輶而還朝也。次聯歸景寓情。「山花相映發」，行人之景，見還京者眾。「水鳥自孤飛」，言己獨淹留作客也。

曰「垂霜鬢」，便覺蓬鬆憔悴之容。曰「把繡衣」，便見徘徊留戀之態。用字入妙。

故人去則公愈寥落矣，公之心豈甘寥落於天隅哉？直違心而不得不然耳。

郪縣西原送李判官兄武判官弟赴成都府

郪縣屬梓州。

憑高送所親，久坐惜芳辰。遠水非無浪，他山自有春。野花隨處發，官柳著行新。天際傷愁別，離筵何太頻。

邵二泉曰：「郪縣在成都東北，地形高峻，故曰憑高。」非也。只送別之處，或在高原耳。公與判官有兄弟之好，故曰「所親」。「久坐」，言不忍別也。

從此而去，道路之遠不無風波，故以「非無浪」警之。從此而去，春色之好何必故鄉，故以「自有春」慰之。「野花」、「官柳」，皆「芳辰」，惜別之景也。

公在梓州，客中送客，已為可傷；頻送不已，其傷益甚，安得不久坐，安得不惜芳辰？

按：「久坐」句，李于鱗改為「久望」，云此句貫下二聯，言我久望之間，離人所適之處，遠水有浪則征帆之去速也，他山有春則相思之念忘也。野花、官柳，可惜芳辰之景，翻為離別之傷耳。末二句正惜別意。愚謂即是「久坐」，亦不妨如此作解。

花底

紫萼扶千蕊，黃鬚照萬花。忽疑行暮雨，何事入朝霞。恐是潘安縣，堪留衛玠車。深知好顏色，莫作委泥沙。

萼，花底也。蕊，花鬚頭之點也。紫萼包於花外以扶花內之千蕊，花鬚色多黃。黃鬚含於花內，以照萬朵之花。此公在花下細觀而得之，正當花開最盛之時，故合花之內外，形容畢盡。二語已極花容之爛熳。

疑從愛生。恐暮雨來而花色謝也。幸而無雨，又接朝霞，霞光與花色相映，更覺花容之妍。曰「何事入」者，亦喜而過望之辭。

晉潘岳，字安仁。為河陽令，漫縣栽花。衛玠，字叔寶。風姿秀異，常乘羊車入市，人爭覩之，號為玉人。二句形容花之盛麗。潘縣言花之多，衛車言堪令觀者徘徊而不能去也。

如此顏色之好，安能久駐，定有委泥沙之日。公正恐人不知耳。既深知之，亦復無可奈何。「莫作委泥沙」，言外有未易收拾之感。

柳邊

只道梅花發，一作「潑」。那知柳亦新。枝枝總到地，葉葉一作「蕊」。自開一作「關」。春。紫燕時翻翼，黃鸝不露身。漢南應老盡，灞上遠愁人。

此首詠柳，更寓時光迅速之悲。梅花之發，方當臘底。忽而柳亦新矣，忽而長條垂地，遍樂皆開，則柳之新者已不覺綠暗矣。忽而紫燕翻翻，燕色之紫與柳相翻，柳亦疑紫。忽而黃鸝匿身，鸝色之黃與柳相配，柳亦已黃。則在暮春初夏時矣。末借漢南灞上之柳隱隱自喻。曰「老盡」，曰「愁人」，則柳又逼秋冬之景矣。

胡遯叟曰：「『漢南應老盡』，歎淹蜀也。『灞上遠愁人』，懷長安也。用柳事，調穩而味長。」

王又宣曰：「八句之中，抱感於四時。作者渾然不露，妙在藏。注者眘然互分，妙在確。然七句是柳，突起一句是梅，所云柳旁梅也。詠柳詩得此一句便高潔孤聳。」

望牛頭寺

《寰宇記》：「牛頭山在梓州郪縣西南二里，高一里，形似牛頭，四面孤絕，俯臨州郭。下有長樂寺，樓閣煙花為一方勝概。」〔註5〕

牛頭見鶴林，梯逕繞幽深。一作「秀麗一何深」。春色浮一作「流」。山外，天河宿一作「沒」。殿陰。傳燈無白日，布地有黃金。休作狂歌老，回看不住心。

通首皆望中之景。「鶴林」，靈仙觀也。山徑既高而又繞，故春色外浮。其

〔註5〕錢謙益《錢注杜詩》卷十二《上牛頭寺》「牛頭山」注。（422頁）

殿直與天河相接。

釋書以燈喻法，六祖相傳，謂能破暗也。燈所以照夜，而白日亦無不照，故云「無白日」，即長明燈是也。佛宇皆黃金布地。邵二泉曰：「給孤長者以黃金側布，易國王太子祇園。」

《金剛經》：「應無所住而生其心。」又，《眾香偈》：「轉不住心，退無因果。」公於此際，不復敢為狂歌，惟「回看不住心」而已，頓覺平日狂夫之態到此俱用不著，煞有大解識在。

上牛頭寺

青山意不盡，衰衰上牛頭。無復能拘疑，真成浪出遊。花濃春寺靜，竹細野池幽。何處鶯啼切，移時獨未休。

公言前所望山景繞曲而幽深，觀之尚有不盡之意，更需上寺而盡觀焉。「衰衰」，狀其上寺之貌。

次聯即承上「衰衰」意。凡物方則能拘能礙，圓則無拘無礙。「衰衰」，圓象也。不徒曰出遊，而曰「浪出遊」，惟浪可狀衰衰之勢，然二句中已寓禪理矣。

三聯只以靜、幽二字寫出寺中之景。花濃、竹細，一切任其自然，乃於幽靜無聲之際，忽聽鶯聲，啼而且切，真不知從何處而來。聽之移時，尚未肯休。然寺中亦獨有鶯聲耳。觀一「獨」字，則人不易到可知。《圖經》云：「山上無禽鳥樓集。」而此詩云鶯啼未休，則《圖經》誤也。

望兜率寺

佛書有兜率天宮，故取以名寺。侯圭《東山觀音寺記》云：「梓州浮圖大小有十二，慧義居其北，兜率當其南，牛頭據其西，觀音距其東。」《圖經》：「兜率寺在梓州郪縣南。」

樹密當山徑，江深隔寺門。霏霏雲氣重，一作「動」。閃閃浪花翻。不復知天大，空餘見佛尊。時應清盥罷，隨喜給孤園。

前三聯俱是望寺，末聯方欲遊耳。

山徑為密樹所掩，寺門為深江所隔，寫出可望不可即意。

《九章》曰：「雲霏霏而垂宇。」「雲氣重」，指山徑言。霏霏雲氣，籠於樹頂，益覺山徑之樹密。「浪花翻」，指江深言。閃閃浪花，翻於江上，益覺寺門之隔遙。二語隱承上聯，而「望」字之景愈出。

惟雲氣當山而重，則天之大不復可辨，所望者唯一氣耳。惟浪花隔寺而翻，則佛之尊不復可辨，所望者亦空餘耳。六句相承，總形容「望」字之妙。

佛書有給孤園，又有給孤長者。既望之後，方思清盥隨喜，故有《上兜率寺》詩，與前《望牛頭寺》俱是先望後上。

上兜率寺

兜率知名寺，真如會法堂。江山有巴蜀，棟宇自齊梁。庾信哀雖久，何顒好不忘。白牛車遠近，且欲上慈航。

佛書：「真如實際。」邵二泉曰：「兜率，真如，皆古佛號。」此言兜率有名之寺，乃真如會法之堂，兩句對起。

趙次公曰：「江山自有巴蜀時便有之，即羊叔子所云『自有宇宙，便有此山』之義。棟宇則創自齊梁也。」黃鶴曰：「此謂江山占巴郡、蜀郡之地。蓋劍南道，古梁州之域；漢巴郡，蜀郡地也。寺在梓州，故云。」邵二泉曰：「江山形勢兼有巴蜀，棟宇創立，遠自齊梁。」葉夢得《詩話》云：「詩人以一字為工，如『江山有巴蜀，棟宇自齊梁』，則其遠數千里，上下數百年，只在有與自兩字之間。吞吐山用之氣，俯仰古今之懷，見於言外。」

庾信作《哀江南賦》：「所以哀者，以金陵瓦解，身竄荒谷。」公自喻流離作客，庾信之哀已久也。《後漢書》：「何顒因陳蕃、李膺之敗，為宦官所陷，亡匿汝南間，所至皆親其豪傑。袁紹慕之，私與往來，結為奔走之友。」此聯所引，蓋謂己雖久思故鄉，而客中朋友之好亦有不能忘情者。乃述己登寺所感之懷，初無與於佛事也。後《嶽麓道林寺》云：「久為野客尋幽慣，細學何顒免興孤」，即是此意。

錢牧齋曰：「《石林詩話》：『何顒見《後漢·黨錮傳》，與是詩之義不類，當作周顒。按：周顒，字彥倫。音辭辨麗，長於佛理，著《三宗論》，言空假義。西涼州智林道人遺顒書，深相讚美。於鍾山西立精舍，休沐則歸之。清貧寡欲，終日長蔬。雖有妻子，獨處山舍。』按：《文選》李善《注》引梁簡文帝《草堂傳》曰：周顒昔經在蜀，以蜀草堂寺林壑可懷，乃於鍾嶺雷次宗學館立寺，因名草堂，亦號山茨。公以顒自喻，言他日雖去蜀，而周顒之興未忘也。」〔註6〕按：此公兩用何顒俱誤。劉須溪曰：「似謂好佛，豈誤記何蒨耶？

〔註6〕錢謙益《錢注杜詩》卷八《嶽麓山道林二寺行》「何顒」注（263頁）：
《石林詩話》：「何顒見《後漢·黨錮傳》，與是詩之義不類，當作周顒。按《南史》：『周顒音辭辨麗，長於佛理，著《三宗論》，言空假義。西涼州智林道人

亂侈於食味，周顒勤令食菜，應作周顒。」胡邃叟曰：「史稱周顒與何胤皆精信佛法，周娶妻，何食肉，各有其累。公蓋誤憶其姓用之耳。」愚按：此詩作於梓州，草堂在蜀，豈在梓而忽憶草堂，因憶草堂而忽思周顒？若云何胤、周顒兩人錯誤，則公詩無一字無來歷，豈眼前姓氏反誤引，且兩引何顒俱誤耶？況庾信亦未嘗奉佛，此詩中突引兩人，豈一人奉佛，一人則不必奉佛耶？仍作何顒為是。

《法華經》云：「有大白牛，肥壯多力，以駕寶車。」蓋喻大乘也。清涼禪師序《般若心經》云：「般若者，苦海之慈航，昏衢之巨燭也。」結聯正承上聯言。故鄉既不得歸，徒懷庾信之哀，且學何顒之尋幽耳。乘車致遠，欲上慈航，亦尋幽之興也。

登牛頭山亭子

路出雙林外，亭窺萬井中。江城孤照日，山谷遠含風。兵革身將老，關河信不通。猶殘數行淚，忍對百花叢。

首句亭之所經，次句亭之所瞰，次聯登亭所望之景，三聯登亭所感之懷，結以灑淚對花叢，並登亭之興不覺廢然而返矣。「殘」，猶餘也，謂止餘此數行淚，而忍付之百花叢乎？

遺顒書，深相讚美。於鍾山西立精舍，休沐則歸之。清貧寡欲，終日長蔬。雖有妻子，獨處山舍。』公又曰：『何顒好不忘。』亦同此誤也。」按：《文選》李善《注》引梁簡文帝《草堂傳》曰：汝南周顒昔經在蜀，以蜀草堂寺林壑可懷，乃於鍾嶺雷次宗學館立寺，因名草堂，亦號山茨。公以顒自喻，言他日雖去蜀，而周顒之興未忘也。
《錢注杜詩》卷十二《上兜率寺》「何顒」注（423 頁）：「何顒當作周顒，傳寫之誤。詳見前注。」
按：葉夢得《石林詩話》未見此語。其《避暑錄話》卷上載：
杜子美詩：「久為野客尋幽慣，細學何顒免興孤。」何顒，後漢人，見《黨錮傳》，蓋義俠者，與詩不類，當意作周顒。周何、字相近而訛。周顒奉佛，有隱操。其詩云：「昔遭衰世皆晦跡，今幸樂國養微軀。依止老宿亦未晚，富貴功名焉足圖。」則此意當在顒也。」
另，吳曾《能改齋漫錄》卷七《周顒宅作阿蘭若》：
王荊公《草堂懷古》詩：「周顒宅作阿蘭若。」按：顒傳云：「顒於鍾山西立隱舍，休沐則歸之。」又云：「清貧寡欲，終日長蔬。雖有妻子，獨處山舍。」故其詩云：「昔遭衰世皆晦跡，今幸樂國養微軀。依止老宿亦未晚，富貴功名焉足圖。」葉少蘊云：「杜詩：『久為野客尋幽慣，細學何顒免興孤。』何顒，後漢人，見《黨錮傳》，蓋義俠者，與詩意不類，當作周顒。周、何字相近而訛。顒奉佛，有隱操，殆信然耶？」

甘園

汪瑗曰：「公有《章梓州橘亭》七言律詩云：『秋日野亭千橘香。』此甘園疑即章梓州之橘亭也。」

春日清江岸，千甘二頃園。青雲羞一作「著」。葉密，白雪避花繁。結子隨邊使，開筒近至尊。後於桃李熟，終得獻金門。

首句言甘園之地，次句言甘園之廣。甘開花在春晚，公遊甘園，偶當春日也。

次聯本言葉之青，其密如雲；花之白，其繁似雪。下一「羞」字、「避」字，覺其葉更青於雲，足使雲羞；其花更白於雪，足使雪避。造語其奇。

蜀為遐方，故稱邊使。蜀柑入貢，以筒盛之，隨邊使而去。近至尊而開柑，真有榮遇焉。

《太真外傳》：「開元末，江陵進乳柑橘，上以十枚種於蓬萊宮。天寶十載秋結實，宣賜宰臣。」結句言桃李雖先熟，不能如柑之得獻金門也。既曰「近至尊」，又曰「獻金門」，毋乃復乎？蓋上二句例言蜀有柑貢，此以桃李相形，便見其種之貴重也。

江亭送眉州辛別駕昇之得蕪字

柳影含雲幕，江波近酒壺。異方驚會面，終宴惜征途。沙暖一作「晚」。低風蝶，天晴喜浴鳧。別離傷老大，意緒日荒蕪。

在旁曰帷，在上曰幕。雲幕，江亭之幕。雲喻其高也。柳影披拂，更舍於雲幕之上，柳更高於亭也。因在江亭餞別，故酒壺與江波相近。

異方乍警會面，天涯知己，何其可喜。終宴但惜征途，離別酒筵，何其可悲。只十字中藏無限曲折。公詩「忽漫相逢是別筵」，正堪參詠。

沙惟暖，故蝶隨風而下，低以就暖。鳧本喜浴，天晴更益其喜。此江亭所見。離別之際，亦復閒情者也。曰「老大」，曰「荒蕪」，頹然放廢，真不堪對知己。

送韋郎司直歸成都

竄身來蜀地，同病得韋郎。天下干戈滿，江邊歲月長。別筵花欲暮，春日鬢俱蒼。為問南溪竹，抽梢合過牆。

公以避難入蜀，故言「竄」。身同病，即相憐意也。言惟韋郎能相憐愛也。

天下皆兵戈，無可往之地，不得不淹留於江邊。公與韋同情也，公在梓送

韋，仍送至成都，兩人皆老於江邊耳，故曰「春日鬢俱蒼」。

公自注：「余草堂在成都西郭浣花里。」《送竇九》詩結聯：「我有浣花竹，題詩須一行。」今曰「南溪竹」，又在草堂傍近之地，想此時抽梢合過牆矣。韋郎先歸，其為我一問訊乎？憶南溪而不能歸，故託之韋郎，亦暗用「看竹何須問主人」意。

惠義寺送王少尹赴成都得峰字

苒苒谷中寺，娟娟林表峰。欄干上處遠，結構坐來重。騎馬行春徑，衣冠起晚鐘。雲門青寂寂，此別惜相從。

首二句言寺在山中，但見林表之峰，不見寺也。「苒苒」，不振貌。寺為谷所隱，不能振而起也，娟娟便見秀拔之意。

在寺中憑欄而望，其上處甚遠，山在寺之上可知。此寺之結構，在重巒疊嶂間，坐而觀之，益覺其重耳。

騎馬觀山，正當春徑。整冠送別，直至暮鐘。見與少尹留連之久。「雲門」，猶言柴門。公自言草堂在成都，青寂之甚，惜此別不得相從而歸也。

杜詩注解卷之五終

辟疆園杜詩注解五言律卷之六

新城王士禎貽上甫評

潁川劉壯國幼功甫

梁谿顧　宸修遠甫著

有感五首

廣德元年春作，時李之芳使吐蕃未回。

將帥蒙恩澤，兵戈有歲年。至今勞聖主，何以報皇天。白骨新交戰，雲臺舊拓邊。乘槎消息斷，無處覓張騫。

首言今之將帥無不蒙朝廷恩澤，而兵連日久，侵尋歲年，獨使至尊旰食宵衣，則為將帥者何以報如天之恩，所以深愧將帥也。

黃鶴曰：「舊史，廣德元年七月，吐蕃大寇河隴，陌我秦、成、渭三州，入大震關，陷河、鄯、洮、岷等州，盡有隴右之地。」愚按：唐自武德以來，開拓邊境，地連西域，皆置都督府州縣。開元中，置朔方等處節度使以統之。祿山反後，鳳翔以西，邠州以北，相繼淪沒，皆為煙塵。當時戰爭之地盡成白骨，向來拓邊之人、畫像雲臺者已成舊事，公所以深致其感也。

《通鑑》：「廣德元年，遣御史大夫李之芳等使吐蕃，被留。次年始放還。」「無處覓張騫」，蓋言李之芳等奉使未還也。牧齋云：「廣德元年四月，李之芳自吐蕃歸。奉使在寶應元年。」

幽薊餘蛇豕，乾坤尚虎狼。諸侯春不貢，使者日相望。慎勿吞青海，無勞問越裳。大君先息戰，歸馬華山陽。

《左傳》：「吳為封豕長蛇，薦食上國。」今言「幽薊餘蛇豕」，蓋寶應元年冬，史朝義雖滅，而其降將分帥河北，各為節度使，故蛇豕之患未息。此句耑指一方，「乾坤尚虎狼」概言天下大勢。

「諸侯春不貢」，指諸藩鎮言。「使者」，天王之使也。惟不貢，故遣使頻。

公《歡喜口號》云「擁兵相學干戈銳，使者徒勞百萬回」是也。羅大經曰：「春秋之時，天王之使交馳於列國，而列國之君如京師者絕少，夫子謹而書之，固以正列國之罪，而端本澄源之意，其致責於天王者尤深矣。唐之藩鎮，猶春秋之諸侯也。杜陵詩云：『諸侯春不貢，使者日相望。』蓋與《春秋》同一筆。」

「青海」，西羌地名，在西海之東。「越裳」，東口也。開元二十五年，河西節度使崔希逸襲吐蕃，破之於青海西。《哥舒翰傳》：「築神威軍於青海上，吐蕃至，攻破之。又築城於青海中，吐蕃屏跡，不敢近青海。」此言武德、開元間開邊拓地，今非其時，但宜以息戰為事也。《書》：「歸馬於華山之陽。」

錢牧齋曰：「是時史朝義下諸降將，奄有幽魏之地，驕恣不貢。代宗懦弱，不能致討。此詩云『慎勿吞青海，無勞問越裳』，安有節鎮之近不修職貢而顧能從事遠略者乎？蓋歎之也。息戰歸馬，謂其不能用兵而婉詞以譏之也。李翱云：『唐子孫不能以天下取河北。』正此意也。舊注謂戒人主生事遠人〔註1〕，可謂愚矣。」

洛下舟車入，天中貢賦均。日聞紅粟腐，寒待翠華春。莫取金湯固，長令宇宙新。不過行儉德，盜賊本王臣。

周公營洛邑，使四方道路均，故曰「洛邑，天地之中」。舟車貢賦咸集，此追敘當年洛邑之盛。太倉之粟，陳陳相因，紅腐而不可食。翠華春省，民無飢寒，此固盛世之事，今非復當時之洛下矣。

賈誼云：「金城湯池，帝王萬世之業。」然昔日之金湯實不足恃。此時長安初收，車駕東幸未回，云不可取信內臣之言，謂東都堅固可居，當速回西京，綢繆風雨，復整舊觀，令宇宙長如新造可也。

是年天興聖節，諸道節度使獻金飾、器用、珍玩、駿馬為壽，共直緡錢二十四萬。常袞上言，請卻之，不聽。代宗漸有奢侈之志，故急以儉德規之。若行儉德，則必散紅腐於民。當春耕而省，將見金湯足恃，宇宙常新。盜賊本是王臣，安得起叛亂之萌乎？

錢牧齋曰：「自吐蕃入寇，車駕東幸，天下皆咎程元振以子儀新立功，不欲天子還京，勸帝且都洛陽以避蕃亂。子儀因兵部侍郎張重光宣慰回，附章論奏，代宗省表垂泣，亟還京師。其略曰：東周之地，久陷賊中。宮室焚燒，十不存一。矧其土地狹隘，纔數百里間，東有成皋，南有二室，險不足恃，適為戰場。明明天子，躬儉節用。苟能黜素餐之吏，去冗食之官，抑豎刁、易牙之

〔註1〕「遠人」，《錢注杜詩》卷十二《有感五首》（430頁）作「外夷」。

權，任蓬瑗、史鰌之直，則黎元自理，寇盜自息，太平之功，旬日可冀。公此
詩正礲括汾陽論奏大意。」

丹桂風霜急，青梧日夜凋。由來強幹地，未有不臣朝。受鉞親賢往，
卑宮制詔遙。終依古封建，豈獨聽簫韶。

漢成帝時謠：「桂樹華不實，黃雀巢其顛。」注：「桂，赤色，漢家象。」
上官儀《冊殷王文》：「慶表栽梧，德成觀梓。」《西都賦》：「強幹弱枝，隆上
都而觀萬國。」蓋丹桂耐風霜之物，青梧易凋之物。以丹桂比強幹，青梧比弱
枝。幹既強壯，則枝無勝幹之理。猶主既英明，則奸雄自臣服也。

《左傳》：「分茅列土，親賢並建。」乾元二年，史思明僭號於河北。李光
弼請以親賢統師，以趙王系為兵馬元帥。次年四月，以親王遙統兵柄。寶應元
年，代宗即位，以雍王適為天下兵馬元帥，詔曰：「國之大事，戎馬為先。朝
有舊章，親賢是屬。」

錢牧齋曰：「初，房琯建分鎮討賊之議。詔曰：『令元子北略朔方，命諸王
分守重鎮。』詔下，遠近相慶，咸思效忠於興復。祿山撫膺曰：『吾不得天下
矣。』肅宗即位，惡琯，貶之，用其諸子統師，然皆不出京師，遙制而已。宗
支削弱，藩鎮不臣。公追歎朝廷不用琯議，失強幹弱枝之義，而有事則倉卒以
親賢授鉞也。丹桂言王室，青梧言宗藩也。卑宮制詔即天寶十五載七月丁卯制
置天下之詔也，謂其分封諸王如禹之與子，故以卑宮言之。《壯遊》詩：『禹功
亦命子。』此其證也。落句言不依古封建，而欲坐聽簫韶，不可得也。公之冒
死救房琯，豈獨以交友之故哉？」

此詩言當風霜之急，丹桂自若，青梧遂凋，此其強弱之辨矣。故人君得強
幹之道，則未有不臣者。是時河北諸鎮負固擁眾，漸成尾大之勢，此則威令不
行、法制之失也。今雖以雍王適為元帥，受鉞而往，終無救於大勢，止因異性
諸鎮俱欲拓地自雄，不自安於藩職，必須依古封建之制，大國不過百里，如賈
誼眾建少力之論，則跋扈可服，吞併可免，天下可得而治，不獨以德化之，如
古虞帝之聽簫韶而致率舞也。此時代宗初立，公望其奮然有為，然實係柔懦之
君，不能用威以臨下。公不忍斥言，而以簫韶美之，寓隱諷於讚美中。立言忠
厚有如此。

胡滅人還亂，兵殘將自疑。登壇名絕假，報主爾何遲。領郡輒無色，
之官皆有詞。願聞哀痛詔，端拱問瘡痍。

趙次公曰：「安史既滅後，僕固懷恩以疑而叛，李光弼以疑而沮。蓋胡滅

而人猶亂者，以兵之殘殺、將之猜疑也。」

考廣德元年，諸道節度使並加實封。所云「名絕假」也。諸將蒙恩寵如此。報主之誼，何以尚遲？此即承上聯「將自疑」言。

舊注云：時縉紳皆重內官，不樂外任。蓋外任畏征斂之無藝也。「有詞」，推託之詞。故子美有「無色」、「有詞」之譏。范濂曰：「士大夫既不樂外任，則為郡縣吏者皆不恤民瘼可知，故欲朝廷下詔而問瘡痍也。」

錢牧齋曰：「李肇《國史補》：『開元以前，有事於外，則命使臣。否則止。自置八節度、十採訪，始有坐而為使。其後名號益廣。大抵生於置兵，盛於專利，苦於卿命。於是為使則重，為官則輕。故天寶末，佩印有至四十者。大曆中，請俸有至千貫者。宦官內外，悉屬之使。舊為權臣所管，州縣所理，今屬中人皆有之』。此時云『登壇名絕假』，謂諸將兼官太多，所謂坐而為使也。『領郡輒無色』，州郡皆權臣所管，不能自達，故曰『無色』也。之官皆有詞，所謂為使則重，為官則輕也。《送陵州路使君》詩云：『王室此多難，高官皆武臣。』與此正相發明。東坡謂唐郡縣多不得人，由重內輕外故也。然此天寶以前事，言乎廣德之時則迂矣。」愚謂重內輕外，唐制既然。天寶已至廣德，相沿不改，已屬固常。公意全在末二句。蓋郡縣雖牧民之官，天子實萬民之主，郡縣不能恤民之瘡痍，而天子能下詔以問之，則瘡痍之民皆有起色矣。公正謂玄、肅以來，兵殘將畔，民不聊生。今代宗繼立，端拱方新，深願其先以哀痛及民也。

按：唐虞命官，先十二牧而後百揆，推其功，至於蠻夷率服。是帝王之世未嘗輕外任也。後世內官尊若神明，其持節臨之者，視外官則奴隸而已。征斂既繁，供輸不給，傴僂俯仰，束帶受辱之狀，不可悉數。彼其居官如此，不過隱忍以苟祿耳，奈何不瘼視其民也。其實郡縣之官實為斯民父母，使其領郡而牽制不堪，之官而設詞推委，民又何賴焉？公此詩蓋欲分兵與民，使各有統屬也。唐之節度皆出將入相，既統戰將，又攝外官，故其弊相沿使然。今登壇者既實授節鉞，但專以滅賊為事，急盡報主之誼。牧民者俾各領郡縣，必專以恤民為功，無復推讓之詞。則兵民分而內外均矣。是在天子親加哀痛以問疾苦之民，豈徒責之諸節度而已哉？

東津送韋諷攝閬州錄事

東津在綿州。

聞說江山好，憐君吏隱兼。寵行舟遠泛，惜別酒頻添。推薦非承乏，

操持必去嫌。他時如按縣，不得慢陶潛。

「聞說江山好」，時公未遊閬州也。錄事官微，雖吏也，實與隱同，故憐之。

《左傳·成公二年》：「韓厥曰：『攝官承乏。』」韋君此行，實由推薦之公，非徒承乏，必當堅持雅操，勿以官小為嫌可也。

陶潛為彭澤令，郡遣督郵至。縣吏白：「應束帶見。」潛曰：「我不能為五斗米，折腰見鄉里小兒。」錄事，係州府屬官。或奉州府之命而按縣。戒其勿慢陶潛，蓋隱諷其官微，必有不屑折腰如彭澤令者。舊注謂陶潛，公自比也。甚無謂。

巴西驛亭觀江漲呈竇使君三首

《寰宇記》：「巴西縣，屬綿州，本漢涪縣。」黃鶴曰：「綿州號巴西郡。當是廣德元年春，自梓州暫至綿州時作。」

宿雨南江漲，波濤亂遠峰。孤亭凌噴薄，萬井逼春容。霄漢愁高鳥，泥沙困老龍。天邊同客舍，攜我豁心胸。

按蜀志，有中江、北江，而不言南江。南江即綿州也。先言宿雨，以見江漲之由。次言山亦波濤，以見宿雨之甚。邵二泉曰：「亂遠峰，峰亦就倒浸也。或曰波濤之亂，如遠峰之不可辨也。」

公與竇使君在驛亭而觀，見水勢噴薄於亭而為所激，此據目擊而言。「萬井」，通指巴西萬家。言水勢優柔漸長，漸逼萬井，俱有春容之象。不曰波濤洶湧，反曰「萬井春容」，極形水勢之大，正從緩處見急。

鳥在霄漢之際，亦云高矣，而未免於愁。水漲之甚，無地可避也。楊子：「龍蟠於泥。」水漲而泥濁，故老龍反為所困。公前詠《江漲》云：「蛟龍不自謀。」謂水勢上浮，蛟龍失其主張。此則水愈上而泥沙愈下，老龍反膠固而不能出，狀漲勢更奇。李璁佩曰：「寫水景人妙不必言。只此二語，是何等氣概，何等寄託！」

以上俱堪縱觀而豁心胸者，雖天邊同客，竇實攜我也。

轉驚波作怒，俗本作「惡」。即恐岸隨流。賴有盃中物，遠同海上鷗。關心小剡縣，傍眼見揚州。為接情人飲，朝來減片愁。

此言江漲轉劇，有崩岸之恐。公與鷗鳥隨波而已。旅況無可遣，託之酒，託之鷗，公觀江漲而有不能自主之意。

剡縣，漢置，屬會稽郡。揚州，在淮南。公在巴西驛亭而遠及此，極形水勢之大，瞬息千里，稍一關心，而剡縣不覺小矣；略一傍眼，而揚州不覺見矣。「小」字猶「登東山而小魯」意也。

畢致中曰：「公《解悶》詩：『商胡離別下揚州，憶上西陵故驛樓。為問淮南米貴賤，老夫乘興欲東遊。』注：『東遊至會稽也。』公意中實有下揚州、遊會稽之興，不覺見水勢之大，遂疑旦暮可達，以慰宿心，故曰『關心』，曰『傍眼』，謂略關心而剡縣僅如拳，才傍眼而揚州已依稀也。」「情人」，指竇使君言。謂當此漲流，惟酒可解，惟鷗可共，不覺動吳越之思。愁心難慰，庶幾與使君飲，得減片刻之愁。較「攜我豁心胸」，更爾情深意切。

向晚波微綠，連空岸腳青。日兼春有暮，愁與醉無醒。漂泊猶盃酒，踟躕此驛亭。相看萬里外，同是一浮萍。

「波微綠」、「岸腳青」，言漲退也。岸腳連空而青，見雨亦止矣。時當暮春，又值向晚，故曰「日兼春有暮」，謂日與春皆暮也。愁亦不醒，醉亦不醒。醉不能醒，愁也。公詩：「眼見客愁愁不醒。」

愁雖不能因醉而醒，然當此漂泊之際，亦惟盃酒可以銷愁。此句結上聯。「踟躕此驛亭」，不忍與使君別也。此句起下聯。

結言萬里相看，終須一別，況同為逆旅之人，如萍草隨風而逐，安能不別，又安忍遽別也？公之踟躕正以此。較「天邊同客舍」，情更淒惋。

臺上得涼字

改席臺能迥，留門月復光。雲行遣暑濕，山谷進風涼。老去一盃足，誰憐屢舞長。何須把官燭，似惱鬢毛蒼。

此公陪章留後宴南樓，改席於臺上而作也。宴當長夏，故《南樓》詩云：「絕域長夏晚，茲樓清宴同。」因畏暑，又改席於臺上，取臺之高迥也。

《南樓》詩云：「出號江城黑，題詩蠟炬紅。」宴已列炬，夜將闌矣，故章出號令以留門。謂留城門，使不閉也。《南樓》詩云：「野雲低度水，簷雨細隨風。」樓宴之時，稍有風雨。改席之後，月復光明也。黃維章曰：「不合前詩，則『改席』、『留門』、『復光』諸字義俱不可通。」

臺之高如在雲霄間，頓失去暑濕之氣。四面空曠，能受山谷之風，故臺比南樓為最涼。

《詩》：「屢舞傞傞。」老人易醉，不耐久坐作樂，實情實態如此，故云我

老人一杯已足，觀屢舞之長，反苦無人憐之也。《南樓》詩云：「此身醒復醉。」則宴南樓時，已醒復醉矣。到此安得不乞主人憐？

月已光矣，何必把燭。公總苦長夜之宴，故以不必把燭為辭。曰「似惱鬢毛蒼」，謂非因把燭而來照見我鬢毛蒼也，避宴不能，故見燭而惱。聊借「鬢毛蒼」為掩飾。「似惱」云者，惱不在此而在彼也。老態畏暑，厭久坐，結二語倍見。

戲題寄上漢中王三首

此詩廣德元年作。公自注：「時王在梓州。初至，斷酒不飲。」篇有《戲述》。《舊書》：「瑀，讓皇帝第六子，汝南王璡弟也。早有才望，偉儀表。初封隴西郡公。從明皇幸蜀，至漢中，因封漢中王，仍加銀青光祿大夫、漢中郡太守。」

西漢親王子，成都老客星。百年雙白鬢，一別五秋螢。忍斷杯中物，祇看座右銘。不能隨皂蓋，自醉逐浮萍。

首聯以王與己對起，借用客星犯帝座意。

「雙白鬢」，公自言雙鬢俱白也。按《新書·漢中王傳》：「肅宗詔收群臣馬助戰，瑀與魏少游持不可。帝怒，貶蓬州長史。」而《舊書·魏少游傳》收群臣馬在乾元二年十月。今詩云「成都老客星，一別五秋螢」，蓋公自乾元元年出華州時與王別，至廣德元年已經五年秋也。公卜居於成都，故云「成都老客星」。梓州，其暫遊耳。時王從蓬州更代而來，道經梓州，與公相晤，故公《奉漢中王手札》詩云「剖符來蜀道」，謂道經於此也。黃鶴謂寶應元年為五秋。「成都老客星」，謂公在成都時，王尚在蓬州。則此三首中公與漢中王相戲相會明在一處索飲，豈有在蓬州而遠索飲者乎？甚矣，鶴注之固也。

陶潛詩：「且進杯中物。」此云「忍斷杯中物」，時王斷酒不飲也。漢崔瑗銘其座右，舉所當戒者以警。公謂王何忍遂斷杯中之物，有所當戒，但常看座右之銘可也。

漢二千石，朱幡皂蓋。黃鶴曰：「『不能隨皂蓋』，又云『剖符來蜀道』，皆太守事。按史云，漢中王貶蓬州長史。長史，別駕也。魏少游是時以衛尉卿貶渠州長史。瑀以親王，無亦貶長史之事，當是蓬州刺史，史誤為長史也。《高力士傳》：李輔國謬承恩寵，竊弄威權，不死則流，動逾千計。一郡王，瑀是也；一開府，力士是也。」

此公追憶昔年不能追隨至蓬州，故五年之間，惟自醉而已。浮萍飄逐，不獲與王共飲也。按：三首皆戲王不飲之意。此首先言己不能如王之不飲。

策杖時能出，王門異昔遊。已知嗟不起，未許醉相留。蜀酒濃無敵，江魚美可求。終思一酩酊，淨掃雁池頭。

公策杖而後能出，將欲訪王求飲，而王門冷落，不似昔時遊從之盛。時王方斷飲，故賓客不至也。

「嗟不起」，師古曰：「王因酒得病，不能起而迎客也。」汪瑗曰：「此言王遭貶留滯也。」邵二泉曰：「我知王自嗟不起而斷酒，言王恐病不能起，故絕飲也。」愚謂「嗟不起」三字斷不指王言。公策杖而後能起，則平日之病不能起，王已知而嗟我矣。今策杖而來，獨未許醉相留乎？

《水經注》：「巴鄉村人善釀，俗稱巴鄉出美酒。」《蜀都賦》：「觴以醇清，一醉累月。」又，嘉魚出於丙穴。蜀酒既醇，江魚又美，到此不飲，更於何處開飲？此以美酒嘉肴動之，欲其速飲也。

末言終思酩酊，王雖不留公飲，公必欲求一醉也。《西京雜記》：「梁孝王築菟園，園有雁池，池間有鶴洲鳧渚。」藉以喻漢中王，謂須靜掃雁池頭，以待我之酩酊可也。此首終欲索王痛飲，亦是戲辭。

群盜無歸路，衰顏會遠方。尚憐詩警策，猶記酒顛狂。魯衛彌尊重，徐陳略喪亡。空餘枚叟在，應念俗本作「願」。**早升堂。**

群盜梗路，故王不能歸，而留滯梓州。公以衰顏，得與相會於遠方也。據此二句，王在梓州無疑。鶴云王在蓬州，公在成都，豈得云相會遠方。

崢嶸《詩品》曰：「陳思《贈弟》，仲宣《七哀》，公幹《思友》，阮籍《詠懷》，靈運《鄴中》，士衡《擬古》，陶公《詠貧》之制，惠連《搗衣》之作，皆五言之警策者。」此公追憶昔時與王賦詩飲酒，極一時之興也。

舊解云：魯、衛之政，兄弟也。漢中王與兄璡，並領重鎮，故云「魯衛彌尊重」。非也。按：開元十四年十一月己丑，玄宗幸寧王憲宅，與諸王宴，探韻賦詩，曰：「魯衛情尤重，親賢愛轉多。」瑀為寧王之子，故云。蓋用明皇詩語也。「徐陳」，徐幹、陳琳也。魏文帝《與王粲書》云：「徐、陳、應、劉，一時俱逝，何數年之間，零落略盡？」此言王之賓客喪亡無存，所云「王門異昔遊」也。黃漢臣曰：「須溪極賞此聯，然不知魯衛論即出玄宗，故知注詩難言。」

謝惠連《雪賦》：「梁王遊於菟園，置旨酒，命賓友，召鄒生，延枚叟。」

故公以枚叟自喻，謂王之賓客，獨公在耳。應念我先登王門，而憶昔日之飲興癲狂也。三首總因王不飲而己必欲索飲，故曰戲題。

翫月呈漢中王

夜深露氣清，江月滿江城。浮一作「遊」。客轉危坐，歸舟應獨行。關山同一照，《海錄》作「點」。烏鵲自多驚。欲得淮王術，風吹暈已生。

首二句江上翫月之景。時公危坐翫月，將從梓州復他往，與淮南王言別，故曰「歸舟應獨行」。按：廣德元年，公在梓州。九月往閬州，與淮南王章梓州水亭相會，正在秋天，當是九月與王別也。

「同一照」，或作「點」，故東坡有「一點明月」之詞。曹孟德詩：「月明星稀，烏鵲南飛。」見月之明，故烏鵲驚飛也。

《淮南子》：「畫隨灰而月暈闕。」許慎注曰：「暈，日月旁氣。以蘆草灰隨牖下月光令圓畫，缺其一面，則月暈亦缺於上。」公以淮南王劉安比漢中王也。王褒《關山月》詩：「風多暈欲生。」庾肩吾《望月》詩：「暈逐淮南灰。」公意不忍與漢中王別，見此明月之照，益復惱懷，故欲得缺月之術，風吹暈生，不使月光照我離別之懷也。

章梓州水亭

公自注：「時漢中王兼道士席謙在會，同用荷字韻。」蔡夢弼曰：「蕭明觀道士席謙，弈棋第一手。」按：公集有《存歿口號》云「席謙不見近彈棋」是也。

黃鶴曰：「魯訔、梁權道皆編在廣德元年。然是年春，梓州是李使君，夏方是章彝為刺史，當是其秋作。」據此，是鶴亦以此詩為廣德元年作也。

城晚通雲霧，亭深到芰荷。吏人橋外少，秋水席邊多。近屬淮王至，高門薊子過。荊州愛山簡，吾醉亦長歌。

城在水亭之傍，通雲霧，見晚意。亭跨水上，故曰「到芰荷」。橋即通亭之橋。是時屏吏人而飲，一望皆秋，水亭景之勝如畫。方采山曰：「吏人橋外少，未易識得。吏人守之，嵇叔夜所以不堪。此暗用其意也。眼邊無俗物，無人覺來往，會此乃知其語之工，不可與俗道。」

漢淮南王好賢下士。「近屬」，言為親王也，以比漢中王。《後漢·方術傳》：「薊子訓既到京師，公卿以下候之者，坐上恒數百人。」以比席謙。「高門」，長安城北門也。

「荊州愛山簡」，比梓州愛章彝也。吾亦得共醉而長歌，言客於梓州者亦愛之。

劉須溪曰：「如此用事，點綴得好。」按：公《赤甲》詩後四句云：「荊州鄭薛寄書近，蜀客郗岑非我鄰。笑接郎中評事飲，病從深酌道吾真。」與此同格。

隨章留後新亭會送諸君

新亭有高會，行子得良時。日動映江幕，風鳴排檻旗。絕葷終不改，勸酒欲無辭。已墮峴山淚，因題零雨詩。

「高會」，見《項羽傳》。《楚辭》：「日吉兮時良。」行子之旗排欄而列，見將行也。

絕葷勸酒，指漢中王言。時王戒酒，必兼戒葷。公勸其寧絕葷，無辭酒也。

襄陽人為羊叔子立碑，名墮淚碑，乃去後之思。此不過借用以志去思耳。舊注謂送客至襄陽，謬。零雨之詩：「我徂東山，滔滔不歸」，公自言無歸期也。胡孝軒曰：「孫楚《陟陽候送別》詩：『晨風飄岐路，零雨被秋草。』」

送元二適江左

公自注：「元結也。」錢牧齋曰：「考顏魯公墓碑及《次山集》，代宗時，以著作郎退居樊上，起家為道州刺史。未嘗至蜀，亦未嘗適江左。次山《舂陵行》及廣德二年《道州上謝表》，時月皆可據。所云元二者，必非結也。宋刻善本無此六字，明是後人妄益耳。」

亂後今相見，秋深復遠行。風塵為客日，江海送君情。晉室丹陽尹，公孫白帝城。經過自愛惜，取次莫論兵。

「亂」以紀事。「今相見」，幸其再見也。「秋」以紀時。「復遠行」，惜其再別也。「風塵為客日」，亂後也；「江海送君情」，遠行也。黃鶴曰：「廣德元年九月，吐蕃入寇，故云『亂』，云『風塵』。」

梁元帝《丹陽尹傳序》曰：「自二京叛蕩，五馬南渡，因乃上燭天文，下應地理，既變淮海為神州，亦即丹陽為京尹。雖得人之甚，頗愧前賢；而眄遇之深，多用宰輔。」《晉中興書》：「大興元年，改丹陽內史，為丹陽尹。」《晉書》：「王敦以溫嶠為丹陽尹，欲使覘伺朝廷。嶠至，具言敦逆謀。」劉謙之《晉記》曰：「蘇峻招祖約為逆，約進許柳，以眾會峻，克京師，拜丹陽尹，後以罪誅。」《郡國志》：「公孫述至魚復，有白龍出井中，因號魚復為白帝城。」

《寰宇記》：「公孫述據蜀，自以承漢土運，故號曰白帝城。」

胡孝軒曰：「丹陽尹，不必指定晉何賢。南渡初，如溫嶠、劉隗、尹京，多在敦、峻俶擾際。而子揚負險稱白帝，亦大似肅、代朝節鎮分據景象。用此二語先之，正為論兵語脈也。處亂世，遊亂人間，戒其勿輕談兵，致取禍敗，故愛而規焉。」汪瑗曰：「丹陽，屬江左，元所適之地。白帝屬蜀，元所經之地。舊謂以溫嶠尹丹陽之忠為比元，以公孫之僭竊白帝為比藩鎮之不臣者。瑗按二句，不過取丹陽、白帝對講，以見道路闊遠，為下句『經過』二字張本耳。與『白狗黃牛峽，朝雲暮雨祠』同是不了語。」邵二泉曰：「今日之為郡，有公忠者，有僭竊者，因戒元二所經之地，須自愛重，慎勿輕言兵事可也。」「取次」，言其所即次，即經過處也。王洙曰：「元嘗應孫吳科舉。」

倦夜

竹涼侵臥內，野月滿庭隅。重露成涓滴，稀星乍有無。暗飛螢自照，水宿鳥相呼。萬事干戈裏，空悲清夜徂。

通首皆不能睡之景，故曰「倦夜」。竹之涼侵於臥內，月之滿遍於亭隅，客情當此，安能高枕而臥？

積涓滴而成，露氣漸重。星稀乍有乍無，則天將曉矣。夜長而暗，但見螢飛自照。《春秋繁露》曰：「水鳥夜半水生，感其生氣，則益相呼而鳴。」

上六句皆夜景，皆不寐時所聞所見，至萬事阻於於戈，益耿耿不能成寐，任清夜之自徂而已。

送竇九歸成都

文章亦不盡，竇子才縱橫。非爾更苦一作「持」。節，何人符大名。讀書雲閣觀，問絹錦官城。我有浣花竹，題詩須一行。

黃鶴曰：「竇九，意是檢察竇侍郎，故詩云持節。」愚詳詩意，全非也。竇九必是多才技之人，故首聯云文章不足以盡竇子，其才實從橫也。下六句正言其從橫處。

「苦節」，言其能守貧持操，不事干進，故大名遂著，無人能符之者。今竇子既能文章，又工丹青，惜其以雲閣讀書之才，而徒問絹於錦官城也。

浣花之竹，堪供題詠，此見竇子又能詩也。為我題詩浣花之竹，而一行至草堂乎？明是囑其寄音問以慰妻子。曰「題詩須一行」，便見絕非為公有所寄託而行，言外寓無限窮途客況之悲。

奉送崔都水翁下峽

　　無數涪江筏，鳴橈總髮時。別離終不久，宗族忍相遺。白狗黃牛峽，朝雲暮雨祠。所過頻問訊，到日自題詩。

　　「涪江」，在涪州。「筏」，編竹木為之，大曰筏，小曰桴。「橈」，棹之短者。首聯言舟楫之盛，喜同下峽者之多。

　　時公亦有出峽之志，故曰「別離終不久」。然宗族之情，須早歸以慰之。崔與公為甥舅，其宗族俱在長安也。

　　白狗峽在歸州，兩崖如削，白石隱起，其狀如狗。黃牛峽在夷陵州，石色如人牽牛之狀，人黑牛黃，朝雲暮雨。祠即巫山神女之祠也。此聯是不了語，故下緊接「所過」二字。

　　「所過」，言崔過此峽，過此祠也。公將出峽，故欲崔公於所過之地到即題詩，公將憑此為問訊也。舊解云：出峽所經之地，託崔一一問訊，待公到日，當一一題詩。將向誰問訊乎？且崔公既去矣，公題詩又何為乎？

題郪原郭三十二明府茅屋壁

　　廣德元年，從梓州往閬州時作。

　　江頭且繫船，為爾獨相憐。雲散灌壇雨，春青彭澤田。頻驚適小國，一擬問高天。別後巴東路，逢人問幾賢。

　　此公時出郪原，訪郭而題其屋壁也。時將行矣，獨為爾而繫船，便見郭明府之賢。

　　《博物志》：「太公為灌壇令，武王夢婦人當道夜哭。問之，曰：『吾是東海神女，嫁於西海神童，我行必有大風疾雨，今為灌壇令當道，廢我行。』武王覺，召太公問之，果有疾風大雨從太公邑外過。」晉陶潛為彭澤令，在縣公田，悉令種秫。此借太公、淵明事，以比郭之德政也。

　　郭之為令甚賢，歎其頻為小邑，無能展其才，故欲代為問天也。《楚辭》有《天問》。

　　末言自今別去，巴東一路，試逢人而問，如郭令之賢者有幾。益知郭令之賢矣。此不特憐才熱腸，兼有憤世深痛，正見公繫心君國處。舊解云：欲逢人即問郭之賢。意殊不達。詩中二「問」字失檢。

薄暮

　　廣德元年秋在閬州作。公是年九月至閬。

江水長流一云「最深」。地，山雲薄暮時。寒花隱亂草，宿鳥擇深枝。舊國見何日，高秋深苦悲。人生不再好，鬢髮白成絲。

薄暮之景，花鳥寓意。劉須溪曰：「『寒花』句，似鄭谷《亂後牡丹》詩『賴是蓬蒿力，遮藏見太平』意也。」趙汸曰：「二語即景以比混俗避亂之意。」

下四句，故鄉之悲，衰老之歎，薄暮而百感交集。

舍弟占歸草堂檢校聊示此詩

當是廣德元年，避亂在梓、閬作。

久客應吾道，相隨獨爾來。熟知江路近，頻為草堂回。鵝鴨宜長數，柴荊莫浪開。東林竹影薄，臘月更須栽。

首言作客之久，吾道之窮，固應如是。獨汝相隨，猶得奔走於旅次也。後四句檢校草堂之事。鍾惺云：「家務瑣屑，有一片骨肉友愛在內。」

董斯張曰：「按《西京雜記》，曹元理善算術，嘗從其友人陳廣漢，羊豕鵝鴨皆道其數。杜子美『鵝鴨宜長數』，用《西京》語也。」黃漢臣曰：「『柴荊莫浪開』，隱然諷以擇交省事也。為子弟者固應長佩此語。」

葉夢得《避暑錄話》云：「種竹須當五六月，雖烈日，無害小瘁，久之復蘇。世言五月十三日為竹醉可移，不必此日，凡夏皆可種也。杜詩云：『西窗竹影薄，臘月更須栽。』余舊用其言，每以臘月種，無一竿活者。此亦亦信書之弊也。」

閬州奉送二十四舅使自京赴任青城

青城，蜀州之邑。

聞道王喬舄，名因太史傳。如何碧雞使，把詔紫微天。秦嶺愁回馬，涪江醉泛船。青城漫污雜，吾舅意悽然。

漢王喬為葉縣令，每望朔來朝，雙鳧先至。令太史伺之，得朝舄二。比舅之任青城也，先言為令，未嘗不可以著名，但惜舅以京使而但任青城耳。

《漢書》：「方士言益州有金馬碧雞，可祭祀致。宣帝使王褒往祀。」比舅之使自京也。紫微，殿名，言舅初奉詔出使，親授於紫薇之天。何等鄭重！而今如何以紫微之使遂赴任青城？此必出使在途，即有青城之命也。

「秦嶺」，指長安言。方其奉使而出，則必把詔而回。今既赴青城，則秦嶺不堪回馬矣。時公在涪江，為舅踐別，不禁黯然魂銷也。

末二句直言青城之陋，以如此污雜之地，豈堪供紫微天使之任？而吾舅今竟赴青城矣，所以意為之悽然也。

放船

送客蒼溪縣，山寒雨不開。直愁騎馬滑，故作泛舟回。青惜峰巒過，黃知橘柚來。江流大自在，坐穩興悠哉。

《唐志》：「蒼溪屬閬州。」舊史志云：「漢分宕渠，置漢昌縣，屬巴郡。改漢昌為蒼溪。」前四句放船之由。公送客至蒼溪，因雨不便騎馬，故放船而回也。

雨濕之後，峰巒愈青，橘柚愈黃。「青」字、「黃」字微讀，上一字、下四字句法。雖放船甚速，一路有應接不暇意。既惜其過，又知其來，非自在而觀，不能曲盡指點之趣。末二句正言放船之樂。江流既平，坐船者甚穩，無騎馬之愁，自在言外。

王翰孺曰：「此詩『山寒』句承『送客』來，次聯承『雨不開』來，後四句承『泛舟』來。從頭順說，自極開合，照應之妙，讀者當熟玩之。」

遣憂

亂離知又甚，消息苦難真。受諫無今日，臨危憶古人。一作「傷故臣」。紛紛乘白馬，攘攘著黃巾。隋氏留一作「營」。宮室，焚燒何太頻。

廣德元年，吐蕃陷長安，代宗出幸陝州。「知又甚」者，較祿山陷時更甚也。此係所聞之亂，故「消息苦難真」。

時宦官程元振輩在朝專權，以致召亂，太常博士柳伉上疏切諫。公意云若代宗能受諫，則無今日之禍矣。至德初，上皇在蜀，思口九齡之先覺，下詔褒贈，遣使就韶州致祭。《劇談錄》：「明皇幸蜀，妃子既死。一日，登高山，望秦川，謂高力士曰：『吾聽張九齡言，不至於此。』遣使祭之。吹笛為曲，號《謫仙怨》。」公不直言九齡，而曰「臨危憶古人」，其詞婉矣。追憶玄宗之言，益信今日之亂更甚於往時。

「白馬」，用侯景事。後漢靈帝時，鉅鹿人張角，自稱天公。其部帥有三十六萬人，皆著黃巾，同日反叛，紛紛攘攘，言賊勢之猖獗也。

唐即隋之舊都。隋氏所留之宮室，一焚於祿山，再焚於吐蕃，故曰「何太頻」。不咎君臣備禦之失策，只以「何太頻」三字，宛轉含情，可云怨而不怒。

城上

　　草滿巴西綠，空城白日長。風吹花片片，春動水茫茫。一云「春送雨茫茫」。八駿隨天子，群臣從武皇。遙聞出巡狩，早晚徧遐荒。

　　黃鶴曰：「此廣德元年在閬州十一月作也。」愚按：詩云草綠花飛，又云春水茫茫，明是暮春之景，斷非十二月作。梁權道云：「是年春作。」考是春，公在梓州，又不應云巴西。且是年十月，代宗方幸陝，無先期預擬之事。斷是廣德二年春，公自梓州往閬州時作。雖元年十二月，駕已還長安，而公在巴西僻地，傳聞未真，故前詩云「消息苦難真」，又云「巴西敕使稀」，又詩云「再有朝廷亂，難知消息真。近聞王在洛，複道使歸秦」是也。直至二年春，始確聞幸陝復歸京之事，故此詩後二聯皆言出狩，仍有「遙聞」之句。據此，則前《遣憂》、《巴山》、《收京》、《早花》及送班司馬〔註2〕、李曄〔註3〕諸詩，皆二年作也。若在元年，無傳聞如此神捷之理。鶴編俱誤。

　　王子年《拾遺記》：「周穆王巡行天下，馭八龍之駿。」《漢武帝紀》：「初幸汾陽，至洛陽，侵尋於泰山。其所巡幸，周萬八千里。」時代宗幸陝，不敢指言天子蒙塵，故寓言出狩，猶《春秋》書「天王出狩於河陽」是也。

巴山

　　黃鶴曰：「此詩廣德元年十一月，公在閬州作。」閬居巴子國之中，故曰巴山。

　　巴山遇中使，云自陝城來。盜賊還奔突，乘輿恐未回。天寒邵伯樹，地闊望仙臺。狼狽風塵裏，群臣安壓哉？

　　時代宗出幸陝，故中使自陝城而來。車駕以十二月還京，此時尚未回也。中使所述如此。

　　《毛詩・甘棠》注云：「邵伯不欲勞民，止舍於甘棠樹之下而斷訟焉。在鳳翔府。」《三輔黃圖》：「望仙臺，漢武帝所建，在華州華陰縣。」甘棠、望仙，皆指長安近地而言。乘輿播遷，老樹古臺，皆寒冷闊絕。偶舉一二，以志無窮之感。

　　李蟠庵曰：「召公聽訟甘棠，漢文帝為河上公築望仙臺，並在陝州。時乘輿在陝，有天寒地闊之感，故借古蹟以形容。」

〔註2〕《巴西聞收宮闕送班司馬入京》。
〔註3〕《送李卿曄》。

《通鑑》：「車駕至華州，官吏奔散，無復供應扈從，將士不免饑餒，乃幸魚朝恩營。」公詩：「蒙塵清露急，御宿且誰供。」今曰「群臣安在哉」，感歎驚駭溢於言外。

胡孝轅曰：「史稱上至陝，百官少有至者。其實事也。然言外自寓靈武追駕之感。前首『臨危憶古人』，寄慨正同。」

對雨

莽莽天涯雨，江邊獨立時。不愁巴道路，恐濕俗本作「失」。漢旌旗。雪嶺防秋急，繩橋戰勝遲。西戎甥舅禮，未敢背恩私。

慶德元年，公在梓州。秋，將往閬州。此必秋時作也。七月，吐蕃盡取河隴。公對莽莽之雨，不愁自梓入閬，道路之難行，但恐正當用兵之際，莽雨之來，兵仗未可收捲，致濕漢旌旗耳。明是借雨寓意，深慮漢家未能樹幟，赫然揚威耀武，滅吐蕃，而後朝食。徒急防遲戰，以觀望為事，此公所深感也。

「雪嶺」，西山也，距威州二百六十里。威即維州。《高適傳》：「適出西山，三城置戌，論東西兩川，當合為一。」即雪嶺也。《唐志》注：「唐興有羊灌田、朋筈、繩橋三城。」繩橋蓋三城之一也。吐蕃將陷松、維、保三州及雪山、新築二城，故以「防秋急」、「戰勝遲」為慮，正申明上「恐濕漢旌旗」句。舊解云：雪嶺、繩橋皆在蜀中，以岷江湍急，不可為梁，乃竹繩為橋，駕虛而渡。甚謬。

景龍元年，以中宗女金城公主下嫁吐蕃，故公欲其念甥舅之禮，言決不敢背恩私也。此必吐蕃未入長安時。十月，遂寇長安，逼代宗出幸，敢於背恩如此。公已逆料其不可控馭矣，末二句特聊為慰詞耳。

警急

《漢書》：「邊防備警急。」公自注：「時高適領西川節度使。」

才名舊楚將，妙略擁兵機。玉壘雖傳檄，松州會解圍。和親知計拙，公主漫無歸。青海今誰得，西戎實飽飛。

至德二年，永王璘反。適因陳江東利害，永王必敗。上奇其對，以適為揚州左都督府長史、淮南節度使，故云「舊楚將」。次句言其用兵必有妙略也。

《舊書》：「代宗即位，吐蕃陷隴右，漸逼京師。適練兵於蜀，臨吐蕃南境以牽制之。師出無功，而松、維、保三州尋為蕃兵所陷，以黃門侍郎嚴武代還。」此詩松州未陷時作也。「玉壘」，蜀山各。公言適既擁兵，必有妙略。雖

在蜀傳檄，可定吐蕃，松州亦必有解圍之日。然公意正謂適不宜止練兵於蜀，須急救松州之圍。曰「雖傳檄」、「會解圍」，正所以深諷之也。

後四語言吐蕃猖獗，異類無親。昔日之金城，徒死而不得歸，則和親不足以弭之也。青海在西海之東，今既為吐蕃所得，若鷹飽飛揚，不復可羈紲矣。極言吐蕃之難制，諷適急施妙略，不可遲緩，以待其變也，故題曰警急。

王翰孺曰：「陳登論呂布，謂虎飽則不復噬人。曹公獨謂不然，謂養布如養鷹，不可使飽，飽則飛去矣。和親之策亦欲使飽不復噬，不知吐蕃反覆無常，適足資其飽飛，是以公主無歸，青海陷沒。前詩甥舅恩私絕未可恃，蓋欲適以兵威制之也。正用曹公語。」

王命

漢北豺狼滿，巴西道路難。血埋諸將甲，骨斷使臣鞍。牢落新燒棧，蒼茫舊築壇。深懷喻蜀意，慟哭望王官。

「漢北」，漢川之北。「巴西」，即閬中。漢與巴相連，吐蕃入寇之地也。

按：肅宗時，吐蕃數來請和。雖知其詐，姑務紓患，使李之芳、崔倫往聘，吐蕃留不遣。廣德元年四月，方得歸。故曰「骨斷使臣鞍」。《古詩》：「我馬骨正折。」言馬骨俱斷而始得歸也。諸注謂廣德元年始遣李崔往吐蕃，失於不考。

是年詔燒大散關。此云「燒棧」者，蓋借用張良說漢王燒絕棧道之意，非真燒棧也。舊注謂燒蜀棧道，蜀人驚恐，謬。十月，吐蕃逼長安，旋命郭子儀禦敵。子儀久閒廢，才得二十騎而行。故曰「蒼茫舊築壇」。錢牧齋曰：「舊注以為指郭子儀，余謂指嚴武也。武入朝，而吐蕃陷河西、隴右，又圍松州，蜀人思得武以代適也。」

司馬相如有《喻巴蜀檄》，公取「喻蜀」二字之意。是年，吐蕃陷松、維、保三州，西川節度使高適不能救，於是劍南、西山諸州亦入於吐蕃，巴蜀之人所以慟哭望王官之至。題取「王命」，正結聯意也。果爾，則「舊築壇」定應指嚴武說，即公詩所云「嘗怪偏裨終日待，不知旌節隔年回」是也。官於其地，故曰「王官」。若子儀未官於蜀，何得云王官？

征夫

按：《警急》、《王命》、《征夫》三首皆為高適作。首篇有才名妙略之稱，深望之之詞。其下皆敗北之事，深惜之之詞。

十室幾人在，千山空自多。路衢惟見哭，城市不聞歌。漂梗無安地，

銜枚有荷戈。官軍未通蜀，吾道竟如何。

人少則山自多，哭多則歌自不聞矣。

梗漂，公自喻也。枚狀如箸，橫銜之，軍中以止歡囂。此就征夫言。公將由閬出蜀，奈官軍未能通蜀，不敢致怨於適，但悲吾道之躬而已。繼聞嚴武再鎮，遂復歸成都。

西山三首

《元和郡國志》：「岷山，即汶山，南去青城石山百里。天色晴明，望見成都山嶺。停雪常深百丈，夏月融泮，江川為之洪溢。」《圖經》云：「岷山巉絕崛立，實捍阻羌夷，全蜀依為巨屏。熙寧置永康軍，詔曰：正控西山六州軍隘口。」按史：明皇還蜀後，復分東西兩川為兩節度，西山列防秋三戍，民罷于役。高適嘗上疏論之，不聽。今觀少陵之詩，戍雖辛苦，然西山有松州，正當吐蕃要衝，亦不宜罷戍也。

夷界荒山頂，蕃州積雪邊。築城依白帝，轉粟上青天。蜀將分旗鼓，羌兵助一作「動」。鎧鋋。一作「井泉」。西南背和好，殺氣日相纏。

高適疏云：「今所界吐蕃城堡，不過平戎以西數城，邈在穹山之巔，垂於險絕之末，運糧於束馬之路，坐甲於無人之鄉。」李宗諤《圖經》：「維州南界江城岷山，連嶺而西，不知其極。北望高山，積雪如玉。東望成都若井底。一面孤峰，三面臨江。是西蜀控吐蕃之要衝。」

西山築城，倣效白帝，亦在山頂，故曰「築城依白帝」。轉粟之難，如上青天，即「運糧於束馬之路」是也。

時吐蕃陷松、維、保三州，勢逼近蜀，故蜀將亦分旗鼓以禦之。「鎧」，頭盔。「鋋」，小矛。羌人亦來助兵，言其勢之急也。羌兵蜀將俱不得安寧，只因西戎背和好之故。

末二句，當與前《對雨》結聯、《警急》後兩聯同看，總譏其不當和親，雖和親亦無益也。邵二泉曰：「今築城運粟、分將助兵者，以吐蕃背和好而殺氣日甚故耳，豈真欲勞民黷武哉？」

辛苦三城戍，長防萬里秋。煙塵侵火井，雨雪閉松州。風動將軍幕，天寒使者裘。漫山賊營壘，回首得無憂。

「三城戍」，所云三城列戍也。列戍雖曰辛苦，實以防秋萬里耳。王伯厚《地理通釋》曰：「子美詩三奇戍在彭州之導江，而誤政為三城。」

《蜀都賦》：「火井沉熒於幽泉。」火井雖在邛州，大率是蜀地名。「侵火

井」、「閉松州」，總言吐蕃侵逼蜀地也。按蜀志，火井欲出火，先以家火投之，須臾，隆隆如雷聲，爛然通天。用以煮鹽，較家火得鹽倍之。

「使者」，往來交通之使，言守將不寧。風搖其幕，雖使者冒寒而往，總無益於事。今漫山皆賊壘矣，回首一望，得無憂乎？

子弟猶深入，關城未解圍。蠶崖銕馬瘦，灌口米船稀。辯士安邊策，元戎決勝威。今朝烏鵲喜，欲報凱歌歸。

「子弟」，唐人充兵者，猶項羽子弟兵是也。「子弟猶深入」，兵之盡可知。兵力雖盡，而城圍未解，所以可憂。

《寰宇記》：「蠶崖關在導江縣西北四十七里。」《方輿勝覽》：「在縣西五十里，以鎮西山之走集。」「銕馬瘦」，言馬瘦不足充戰也。《寰宇記》：「灌口鎮在導江縣西六十里。」《方輿勝覽》：「淳熙五年，胡元質奏曰：唐之季年，吐蕃入寇，必入黎交；南詔入寇，必入沉黎；吐蕃、南詔合入寇，必出灌口、沉黎兩州。去成都尚千里，關隘險阻，足以限隔。惟灌口一路去成都止百里，又皆平陸，朝發夕至。」威、茂兩州即灌口之蔽障，古所謂天彭關也。「米船稀」，言糧餉不繼也。

上言兵盡馬瘦，糧少如此，豈復能戰勝乎？此所以可憂也。《史記》：「決勝千里之外，所恃者，辯士有安邊之策，大將有決勝之威耳。」今朝烏鵲報喜，得毋發凱歌而言旋乎？設為喜慰之詞，正見其決不能取勝也。

收京

復道收京邑，兼聞殺犬戎。衣冠卻扈從，車駕已還宮。尅復誠如此，扶持一作「安危」。在數公。莫令回首地，慟哭起悲風。

前肅宗收京，此代宗再收京，故曰「復道」。昔車駕在狼狽之中，群臣不知安在，至此卻又來扈從，而車駕已還宮矣。觀一「卻」字，堪令群臣愧疚無地。

「數公」，指郭子儀輩言。末二語正所以戒群臣也。昔時之事不堪回首，未雨之防又在今日，勿令今日回首之地更起悲風可也。

早花

西京安穩未，不見一人來。臘月巴江曲，山花已自開。盈盈當雪杏，豔豔待春一作「香」。梅。直苦風塵暗，誰憂客鬢催。

《長安志》云：「天寶六年，曰西京。至德二年，曰中京。上元二年，復

曰西京。寶應元年，曰上都。」此云西京者，循其舊名也。

杏花當雪而開，梅香待春將放。此時不應有花，公偶見早花耳。身在巴江，但見草木搖落。今春意已回，可奈風塵尚暗。結語蓋言不以衰老為憂，而以不見太平為恨也。「誰憂」二字語直而氣激。

巴西聞收京送班司馬入京

唐上中下州皆有司馬，綿州為巴西郡，公自梓州往閬州，故道經綿州也。

聞道收宗廟，鳴鑾自陝歸。傾都看黃屋，正殿引朱衣。劍外春天遠，巴西勑使稀。念君經世亂，疋馬向王畿。

「黃屋」，車蓋也。都人喜車駕復還，故傾都而觀。公詩「朱衣只在殿中間」，是車駕已還宮也。

劍外無勑使來，而君能戀戀於王畿。經亂之餘，疋馬獨行，人情亦有甚難者，公故喜其志之決。

送司馬入京

與前首當合為一題。

群盜至今日，先朝忝從臣。欺君能戀主，久客羨歸秦。黃閣常司諫，丹墀有故人。向來論社稷，為話涕霑巾。

此公自述昔時在司諫之列，因班入京，寄語向日之同僚也。群盜至今未息，故不能歸。然在先朝，公常為侍從近臣，豈班能戀主而公不羨歸秦乎？因言昔為拾遺，今同僚故人尚在。向之所論，實有關於社稷之事。班試寄語故人，猶堪為我出涕也。「論社稷」，即指救琯事。言公之救琯，實為社稷計，豈私一知己哉？

送李卿曄

王子思歸日，長安已亂兵。霑衣問行在，走馬向承明。暮景巴蜀一作「西」。僻，春風江漢清。晉山雖自棄，魏闕尚含情。

《顏真卿集·顏允南神道碑》：「潼關陷，輿駕幸蜀，朝官多出駱谷，至興道，房琯、李曄、高適等數十人盡在。」《宗室世系表》：曄係大鄭王房，淮安忠公琇之子，終刑部侍郎。是時已收京，言長安亂兵方已也。

「承明」，殿名。行在纔歸，承明方復。想王子倉皇走馬到京，自有許多霑衣慰問之情。

公時在巴蜀僻地，亦思從江漢而達帝都也。袁崧《郡國志》：「介休縣介山，有晉介子推廟。」曰「晉山雖自棄」者，公自以不與靈武之賞，每以子推自喻也。雉門之外，兩觀闕巍然而高，曰魏闕。《壯子》：「身在江湖之上，心遊魏闕之下。」正此意。所謂「飢寒流落，一飯未嘗忘君也」。

薄遊

淅淅風生砌，團團月隱牆。遙空秋雁滅，半嶺暮雲長。病葉多先墮，寒花只暫香。巴城添淚眼，今夕復清光。

謝惠連詩：「淅淅振條風。」此言風聲之細，生於牆砌間，而月復為牆隱也。寫出薄遊淒淡之況。

秋雁飛高，故影滅。雲在半嶺，暮色映之，自覺其長。曰「病葉」，曰「寒花」，皆自傷春景。公以薄遊無定，巴城見月，益復添淚也。

愁坐

高齋常見野，愁坐更臨門。十月山寒重，孤城水氣一作「水月」。昏。葭萌氏種迥，左擔犬羊屯。一作「存」。終日憂奔走，歸期未敢論。

此云「高齋」，不過公寓居之地，非夔州之高齋也。此公閬州詩，題云《愁坐》，正以山寒城孤，所與為鄰者，惟犬羊異種耳。

《華陽國志》曰：「昔蜀王封其弟於漢中，號曰苴侯，因命其地曰葭萌。」任豫《益州記》：「江由左擔道，按圖在陰平縣北，於成都為西，其道至險。自北來者，擔在左肩，不得易擔也。鄧艾束馬懸車之處。」焦竑《筆乘》曰：「杜詩：『左擔犬羊屯。』解者多不知左擔之說。按〔註4〕：《華陽國志》曰：『自樊道至朱提，有水、步道。水道有黑水及陽官水，至險難行。步道度三津，亦艱阻。行人為語曰：猶溪赤水，盤蛇七曲。盤羊鳥櫳，氣與天通。糜降賈子，左擔七里。』」舊注作武擔，非是。

「氏種迥」，言其俗之迥異也。「犬羊屯」，言所屯者皆犬羊也。寄跡孤城之中，惟與異類為伍，公安得不愁？日以奔走為憂，正去之惟恐不速，然何日是我之歸期乎？

寄賀蘭二銛

黃鶴曰：「廣德元年，收京後作。」此是贈別賀蘭後又寄也。

〔註4〕「說按」二字，底本殘，據《焦氏筆乘》卷一《左擔》補。

朝野歡娛後，乾坤震盪中。相隨萬里日，總作白頭翁。歲晚仍分袂，江邊更轉蓬。勿云俱異域，飲啄幾回同。

「朝野歡娛後」，謂寶應元年十月，史朝義既斬，安史之亂永息，河北悉平，故無不快心。「乾坤震盪中」，謂是年吐蕃之亂。此乾坤何等時也。郭子儀旋收京返正，故公《贈別賀蘭》詩云：「國步初返正，乾坤尚風塵。」正是一時之作。

公《贈別賀蘭》詩云：「生離與死別，自古鼻酸辛。悲歌鬢髮白，遠赴湘吳春。我戀岷下芋，君思千里尊。」即今詩「相隨」、「復分袂」是也。公飄蓬江邊，賀遠去湘吳，故今詩曰「江邊」、曰「異城」。末二句反言以自慰，以慰賀蘭曰：吾與賀蘭飲啄相同，已非一日，人生未有不別者，何必以各異域為悲也。

歲暮

黃鶴曰：「廣德元年，吐蕃陷松、維、保三州。雪領近維州，當是廣德元年冬作。」

歲暮遠為客，邊隅還用兵。煙塵犯雪領，鼓角動江城。天地日流血，朝廷誰請纓。濟時敢愛死，寂寞壯心驚。

公每見將帥之臣玩寇以自安，養寇以自固，致兵連禍接，天地日為流血，而無一人肯奮然請纓，以濟國家之危難者，所以濟時之心，不敢愛死。無奈當此寂寞，無能自效，徒使我壯心驚折而已。此與「登壇名絕假，報主爾何遲。至今勞聖主，何以報皇天」同一感慨。

觀李固請司馬弟蔡本作「題」山水圖三首

黃鶴曰：「一云李七，則固或是公同時人，善畫者。司馬弟，即李固之弟，曾為司馬也。」

簡易高人意，一作「體」。匡床竹火爐。寒天留遠客，碧海掛新圖。雖對連山好，貪看絕島孤。群仙不愁思，冉冉下蓬壺。

通首皆是細觀山水圖而指點其佳勝也。「簡易高人意」，即畫中之高人也。著一「意」字，便是畫景。「簡易」，形容高人之簡率，亦從畫景看出匡安也。《淮南子》：「匡床弱席非不寧。」「匡床竹火爐」，畫中高人所坐而擁也，即此便見簡易。

天寒承火爐來。惟擁火爐，故知為天寒也。畫中必有高人相對，似留遠客者。然海色之碧，若從新圖中掛出，總狀寫景之妙。

　　畫中有連山，又有絕島。公觀此圖，連山之景既對之而好，絕島之勝更使人貪看，逼出下二句。

　　又看絕島之上，群仙冉冉而下，絕無愁思之容，便將群仙笑顏俱已繪出蓬壺海中山也。

　　王翰孺曰：「尺幅之間，高人亦坐，遠客亦坐，四面皆山水，又有島上之群仙冉冉而來，此所以為奇觀。公《詠畫》詩所稱『尤工遠勢古莫比，咫尺應須論萬里』也。」

　　方丈渾連水，天台總映雲。人間長見畫，老去恨空聞。范蠡扁舟一作「舟偏」。**小，王喬鶴不群。此生隨萬物，何路出塵氛。**

　　孫綽《遊天台山賦》：「涉海則有方丈、蓬萊，登陸則有四明、天台，皆玄聖之所遊化，靈仙之所窟宅。」「連水」、「映雲」，皆畫中所見。

　　公言方丈、天台，俱非人間之境，今如在人間，豈真見方丈、天台哉？長見此畫，即是已恨身已老，空聞仙境，猶幸於圖中見之也。

　　畫中又有范蠡之舟、王喬之鶴，飄渺於水雲之間，庶幾方丈、天台可即而到，然此特畫圖已耳。此生隨逐萬物，能如范蠡、王喬之決然而去人間否乎？將何路以出塵氛？公所以觀畫而起歎也。按：王喬有三：其一周靈王太子晉，其一漢葉縣令，其一蜀都人，皆有仙術。此以鶴言，則太子晉也。

　　高浪垂翻屋，崩崖欲壓床。野橋分子細，沙岸繞微茫。紅浸珊瑚短，青懸薜荔長。浮槎並坐得，一云「相併坐」。**仙老暫相將。**

　　此又通首詠畫景。「翻屋」、「壓床」，寫出高浪崩崖之勢。野橋所分，子細處皆可鑒別。沙岸所繞，微茫處俱如列眉。珊瑚雖短，觀其浸色，則微紅可見。薜荔甚長，觀其懸景，則青翠交加。極狀畫工之巧妙。公詩所云「繪事功殊絕」也。

　　《拾遺記》：「堯時有巨槎，名貫月槎，又名掛星槎。羽仙棲息其上。」末二句亦畫中所見。「相將」，謂乘槎而行也。見仙人之乘槎，公亦有並坐之興。

　　錢日庵曰：「觀三章所詠，其圖間山水皆仙山仙侶，飄飄有凌雲之氣。公一一細觀而得之。首章是觀仙，觀其冉冉而下蓬壺，不覺貪看不已。次章便恨徒見畫而不能身至方丈、天台之間，因有『何路出塵氛』之歎。三章則遂作癡想迂想，謂此浮槎仙人坐得，我亦坐得，仙老其暫偕我而並坐，相將以同往乎？庶可以出塵氛矣。」

杜詩注解卷之六終